JN131027

アドボカシーが活きる
ユニバーサル・ケア
― 学び直しの家庭科 ―

齋藤 美重子 編著

著

佐藤真弓・叶内茜・芳賀優子・野川未央・佐瀬孝至・
麻布高等学校生徒有志・川村学園女子大学学生有志

大学教育出版

は じ め に

「ケア」ってなんだろう？　「共生」ってどういうこと？

そんな素朴な疑問が本書を書くきっかけになっている。

人間の営みにはもちろん自然環境も必要であるし、本書を執筆中にロシア侵攻によるウクライナの悲惨な状況やイスラエル・ガザ戦争がSNSを通じて世界中に伝わり、平和であることも欠かせないと感じる。新型コロナウイルス感染症によるパンデミックを経験し、これまでのグローバルな経済システムに組み込まれた生活に危機感を持った人も多かったことだろう。現代社会が経済効率や利己心のもとに動き、「自立」した個人だけを求めていたために、さまざまな潜在的ひずみが表面化した。「正義」という名の同調圧力のもとで同質の人同士が徒党を組み、異なる誰かを無視する、無関心でいる、あるいは攻撃の対象として排除した。人間関係性に必要なケアは、構造的差別の中で置き去りにされたままである。また、人びとを一つにまとめようとする人（組織）が「共生」に潜む差別や不平等を隠蔽していないだろうか。ともに生きるという言葉の響きはよいが、そこから零れ落ちている人はいないのか。

2022年に筆者らが全国3,000人を対象に行ったアンケート調査では、ケアに対するイメージ（複数回答）は「介護」（61.5％）が最も多く、次いで「相手への気遣い」（49.0％）や「配慮」（48.4％）であった。われわれが生きる現代社会において、一般的にケアは介護を指し、家族内で行い、どうしても無理な場合に公的支援を受けるものと捉える傾向にあるが、果たしてケアは限られた人の特別なものなのだろうか。

生まれたときを思い浮かべてみよう。誰かに乳を与えられ、共同育児・共食によってようやく生き延びてきた歴史がある。誰かの世話にならなくては生きられなかった。人間は誰もがケアされてきたのである。つまり、ケアは人間生活そのものであって自分を含め誰かのために世話をしあう実

践であり、気にかけ配慮するといったエンパシー（Empathy）であり、そして社会的背景に揺らぎながら継続していくうちに活動や配慮の方法を変えていくものである。家事労働と呼ばれる実際の食事の準備や掃除、洗濯など、生活を営む上で不可欠なものを含め、経済効率の範疇にはない人間関係性である。つまり、「ケア」は共鳴・共振・共感的で応答利他的な人間の営みであり生きていくことそのもので、ユニバーサル・ケアと言い換えることもできるだろう。ただし、独善的になれば虐待に陥る危険性もある。社会的価値観や規範、経済状況など社会的文化的背景を無視して語ることはできないが、ケアを通して、声を上げそれに応えるアドボカシー（Advocacy）を向上させれば関係性も変えていくことができるのではないだろうか。アドボカシーは一般的には「権利擁護」と言われるが、アドボカシーには権利の主体が中心になって単独または集団で訴えるものと、保護者・教師・ソーシャルワーカー・弁護士・アドボケイトなど第三者が本人の意見や権利を代弁する形態とがある。本書では、主に自分自身が生きていくために何が必要で何を求めているかに気づき、主体的な生活を営めるよう自己が望むことに対して意見を表明するセルフアドボカシーと、同じ仲間として当事者性をもって寄り添い社会に働きかけるピアアドボカシーやシチズンアドボカシーの育成に着目したい。

　人間はどこか欠けた存在である。忘れたり間違ったり、隙だらけで、ヴァルネラブル（Vulnerable：傷つきやすく弱い）である。学校教育では主体的・能動的に行動することを求められるが、他人の目が気になり羞恥心やしがらみ、規範などと相まって、いつも主体的・能動的になれるとは限らない。とはいえ受動的ばかりでもなく、頼まれて行動するといった意志とは別の状況によってふっと湧き上がる応答利他的感情も持ち合わせている。周囲の影響を受けながら変わっていくのも人間である。そんな人間が行うケアだからこそ、不安や悩みもつきまとう。ケアは利他心の向上や他者理解などの人間の成長ももたらすが、他方責任を伴うという重荷・重圧、世話のために自分の時間が取れないという葛藤、社会から取り残される不安、ケアすることが自己満足に陥りケアされる人のためになっていな

いのではないかという恐れ、虐待、一部の人にのみ過重にケアが担わされている役割分業、ケア労働者の低賃金など社会的文脈の中で多義性がある。そんな中で現在のケア支援策で事足りるのだろうか。歴史に唯一の正解はないと考え、そもそもケアとは何か、共生とは何か、生活とは何かという根源的な問いに対して、歴史的・文化的・社会的な文脈から多面的に捉え直し、生きることや生きていくことを問うていく。

　また、生きること（＝生活すること）について丁寧に学んでいくのが家庭科である。家庭科はさまざまな人や制度、環境、そして自分自身と対話し、実践して再び考え、いのちと向き合い、さらに過去から現在、未来へと生活を創造し社会に変容を促すものである。戦後新設された家庭科は、生活するという土台の上で社会科学も自然科学も総合的に考察するマスターサイエンスともいえる。高度経済成長期以降の偏差値至上主義から抜け出し、自分らしく最適な生活を過ごすべく家庭科を学び直して生きることを考えてみてはどうだろうか。ただし、「自分らしく」は曲者（くせもの）で選択肢が無限にあるかのようで、進む道がわからなくなる哲学的な問いでもある。だからこそ、時には立ち止まり、ゆったり過ごし、時には熟考し、人や環境や文献と対話して実践する家庭科を学び続けていこうではないか。そうした中で、ライフスタイルを柔軟に変えていくことも可能になるだろう。

　筆者らは川村学園女子大学生活創造学部生活文化学科に所属する僚友であり、ケアの課題に照らした教育研究をしている。「共生」にむけた取り組みをしているロービジョン（Low vision）の芳賀優子さん、南北問題に対し生産者とともにつくる民衆交易に取り組む野川未央さんにもご執筆いただいた。生活に対する疑問は本学学生の生の声であり、そこから家庭科を学び直す。一人暮らしでも困らないように簡単な時短レシピも学生たちが考えてくれた。さらに、ヤングケアラーの支援策を考案・企画・実践してくれた麻布高校の生徒には率直な意見を綴（つづ）ってもらった。お読みいただければ、みな生活哲学者であることがわかっていただけるだろう。

　これからも生きていく私たちや未来を生きる子どもたちが平和で、選択の自由や尊厳や権利のあるユニバーサル・ケア社会の実現に向けて、本書

が主張する当事者性をもった「ケア」が今後の方向性を考える一助になれ
ば幸いである。

齋藤美重子

アドボカシーが活きるユニバーサル・ケア
―学び直しの家庭科―

目　次

第2部　家庭科編―生活者の哲学として―

第1部 総論編

― well-being に向き合うために ―

　「今の自分の生活は最高だ！」と言い切れる人はどのくらいいるだろうか？　先行き不透明な世界で、これからも幸せに生きていけるのか？
　生きることを探求し生きていくために、ケアとは何か、自立・共生とは何か、生活とは何かを考えることから始めてみよう。

（齋藤美重子）

（イラスト　村本ひろみ）

COLUMN や第4章に関する資料、第5章に関する写真、第6章のレシピについてはこちらの QR コードからカラーで見られます。

第1章

ケアとは何か

　日本でケアといえば、介護を思い浮かべる人が多い（図1-1）[1]。ケアは英語で "Care" と書くが、もともと『小学館ランダムハウス英和大辞典』（1973）によれば、Care は名詞で「心配、気づかい」「心配ごと」「注

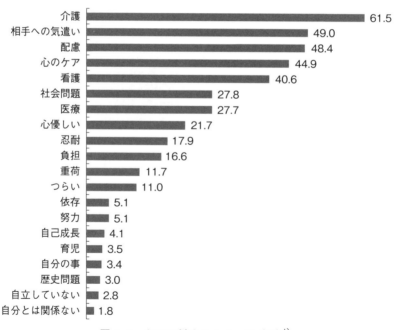

介護　61.5
相手への気遣い　49.0
配慮　48.4
心のケア　44.9
看護　40.6
社会問題　27.8
医療　27.7
心優しい　21.7
忍耐　17.9
負担　16.6
重荷　11.7
つらい　11.0
依存　5.1
努力　5.1
自己成長　4.1
育児　3.5
自分の事　3.4
歴史問題　3.0
自立していない　2.8
自分とは関係ない　1.8

図1-1　ケアに対するイメージ（%）[1]
（複数回答・成人男女計 3,000 人、筆者作成）

意、用心」「世話、監督、保護」のほか、廃用となった語義として「悲しみ」があげられ、動詞では「気づかう」「世話をする」「好く、愛する」「～したがる、～したいと思う」などがある。ついでながら「CARE」は対外アメリカ援助物資発送協会（Cooperative for American and Relief Every-where：現国際ケア機構）という援助団体のことでもあった。

　国によって、あるいは各人によってケアのイメージは異なるだろう。人間関係性だけでなく、自然環境に対するケアもある。岡野八代（1967-）はケアの「特定の他者との間に築かれる関係性」に着目し、自らの生存に必要な活動に困難を抱える人たちのために、生きるために必要なもの（＝ニーズ）を満たす活動・営み・実践であると語り、活動と配慮の仕方を変えていくという意味でケア実践と呼んだ[2]。

　本章では、人間は不完全な存在であり、他人からの応答に傷つき、時に勇気づけられ、あるいはしぶしぶ行動を起こすという多面的でヴァルネラブルな存在であるという前提の下、社会的文脈の中でケアを捉え[3]、人間と自然・社会との関係性も含めつつみていく。実際の食事づくりや身の回りの世話、「聴くこと」[4]などの行動面と、気にかけるといった関心、気づかいなどの心理面が絡み合い、ケアは日々の生活の中で社会的背景に揺らぎながら継続していくうちに行動や配慮の方法を変えていくという相互応答的な人間の営みと考えられる[5]。こうしたケアが歴史的・文化的・社会的にどのように扱われてきたのかを辿り、ケア概念を問い直したい。

Ｉ　社会におけるケアの変遷

（1）　世界におけるケアの流れ

　社会生物学者エドワード・O・ウィルソン（E.O. Wilson, 1929-2021）によれば、人類の祖先はサバンナでの落雷による火災によって得られた焼け死んだ動物の肉を食べ、たいまつを持ち運び、集団で結束して分業をして有益な協力的・利他的な振る舞いを行った[6]。つまり、火の獲得によってできた人間同士の関係はケアしケアされるというものであり、人間と人

間との対話が人類の進歩をもたらしたといえるのではないだろうか。

　しかし、歴史を紐解くとケアについてきちんと触れられているものは少ない。例えば、古代ギリシャ時代、世界とは何か、人間とは何かを探究する中、プラトン（Plato、紀元前427-紀元前347）は、人はひとりでは自給自足できず多くのものに不足しているから多くの人びとを仲間や助力者として一つの居住地に集めようとした[7]。不足しているからこそ多くの人びとと協力せよと語ったプラトンであるが、ケアについては語られていない。ケアをする人びとは支配される者であり主人に奉仕すべき存在にすぎなかった。人間として認められていなかったといえよう。

　時は進み、フランスにおける市民革命に多大な影響を及ぼしたとされるジャン＝ジャック・ルソー（Jean-Jacques Rousseau, 1712-1778）は、自己と他者への愛を発展させた公共の正義を欲する一般意志、つまり、共助の精神によって政治体制をつくるべきであると主張した[8]。これに則ればケアは男女問わず皆で行うべきものと考えられるが、ルソーが執筆した小説『エミール』には異なる見解が描かれている。主人公エミール（男性）には自発性（自然）に沿って教育するという消極教育方針がとられているが、エミールの妻になるソフィへの教育はまったく異なる。「女性にふさわしい知識だけ学ぶべきだ」「女性の教育はすべて男性に関連させて考えなければならない」と語った[9]。夫や子どもへの愛・ケアのために妻は在るべきとした。ケアは女性が担うべきものだと考えられていたことがわかる。横道に逸れるが、女性の教育は消極教育とは言い難いものであったといえるだろう。

　さらに、産業革命の勃興期のイギリスでは、古典派経済学を代表するアダム・スミス（Adam Smith, 1723-1790）が利己的・合理的に行動する人間を前提として、経済発展に自由な競争を説いた[10]。生産能力が備わっている人間を前提に、物を媒介したつながりの中で人間が捉えられていた。とは言え、人間は利己的にばかり動くだろうか。何か行動を起こすためには、その力の源となる衣食住の生活が充実していなければならず、それを支えるケアは不可欠である。しかしアダム・スミスはケアについては触

れていない。きわめつけはカール・マルクス（Karl Marx, 1818-1883）である。産業革命後の資本主義社会を批判し、生産手段を独占しているブルジョワジーによりプロレタリアート（労働者）が搾取され、人間疎外に陥っている現状を踏まえ、生産手段の公有化を提唱した[11]。人間疎外からの脱却を目指していたが、やはりケアについては語っていない。その後長らく政治・経済にはケアのことが登場しない。ケアをする人もされる人も、その存在は打ち消されてきた歴史があった。その代わり、キリスト教をはじめさまざまな宗教がそれを補うように慈善活動を行ってきた。

　この状況は 20 世紀に入っても変わらない。第二次世界大戦後の 1948 年、国際連合で採択された「世界人権宣言」第 1 条では「すべての人間は、生まれながらにして自由であり、かつ、尊厳と権利とについて平等である」（"All human beings are born free and equal in dignity and rights."）と述べられ、ケアするケアラーもケアされている人もともに人権の尊重が謳われた。しかし「子どもの権利条約」採択は 1989 年、「高齢者のための国連原則」採択は 1991 年、「障害者権利条約」採択は 2006 年と遅れており、現実には日本に限らず多くの国や地域で家族介護が根底にあった。

　大きな転機が訪れたのは 1980 年代である。女性研究者の著作が世に出るに伴い、ケアに言及される機会も増えた。ギリガン（Carol Gilligan, 1937-）がケアの状況を表出させ、少数派の声を表した[12]。他者への関心、責任、相互援助という行動や心の発達はケアの倫理と呼ばれた。ノディングス（Nel Noddings, 1929-）は母性に根差した配慮への価値に言及し、ケアする者とケアされる者の相互依存の関係性、ケアリングを受容し承認されるという受容性、応答性に根ざした思いやりは、倫理に対する基本的で好ましいアプローチであるとした[12]。もっともノディングスの道徳理論は母性という女性の道徳的経験に閉じ込めると批判もされた[13]が、ようやくケアが公の場で議論された点では評価されるべきものだろう。子育てや介助、介護など主に女性たちが担ってきたケア労働が平等や自由の構造から排除されてきたことを問い直したエヴァ・フェダー・キテイ（Eva

Feder Kittay, 1946-) は「みな誰かお母さんの子ども」であることを示し、ケアを受けること・与えることを社会の核として捉えた[14]。ノディングスはケアの対象を、自己のケア、親しい他者のケア、仲間や知人のケア、遠方の他者のケア、人以外の動物のケア、植物や自然環境のケア、物や道具などの人が作り出した世界のケア、理念のケアとし、教育に取り入れた[15]。

　人間の安全保障を訴えたアマルティア・セン（Amartya Sen, 1933-）は、「共感性・関わり合い・利他性」に着目した[16]。相互行為・相互作用を通してニーズも形成されるということである。また、トベルスキー（Amos Tversky, 1937-1996）やカーネマン（Daniel. Kahneman, 1934-）、セイラー（Richard H. Thaler, 1945-）らに代表される行動経済学では一人ひとりに心があって、必ずしも合理的な判断をするわけではないことを明らかにした。最近では女性のケア労働に対する再評価がなされている[17]。

　こうして、今までホモ・エコノミクス（Homo economics：経済人）を前提にした政治経済の世界に人間の心の視点が加わった。構造主義は社会に行動を規制され、社会が人間の意識を形作ると主張した[18]。ケア労働の価値が認められ、ケアの倫理から社会を捉え直す視点が現れ始めた。言い換えれば、われわれはケアを通して人間と人間との関係性や人間と政治・経済・社会・文化との関係性、人間と自然環境との関係性を見つめ直し、そこに住まう自分自身を認識し自己の多様性を認めアイデンティティ[19]を確立させていかなければならないということだろうか。

（2）　日本の流れ

　日本の伝承によれば、聖徳太子により四箇院（施薬院、悲田院、敬田院、療病院）が設置されたことが社会福祉事業の始まりと言われるが、主には家族・親族によるケアが中心であった。戦後の日本国憲法（1946年公布・1947年施行）では、「個人としての尊重」（第13条）と「すべて国民は、健康で文化的な最低限度の生活を営む権利を有する。国は、すべての生活部面について、社会福祉、社会保障及び公衆衛生の向上及び増進に

努めなければならない」（第 25 条）とあるが、一部の慈善事業を除き、ケアは家族内に閉じられた問題であった[20]。

　宇沢弘文（1928-2014）は新古典派経済学に対してもマルクス経済学に対しても、市場原理主義に対しても一人ひとりに心があるとは考えていなかったことを批判し、人間の心を大事にする経済学の研究を推進し、人間的に魅力ある豊かな社会を維持するための装置として社会的共通資本を提唱し互酬性について語った[21]。社会福祉分野ではケアを必要としている人びとの生活権保障を追究した[22]。政治・経済・社会福祉の分野から公的支援の必要性が問われた。

　2000 年には児童虐待防止法が公布・施行されるとともに、介護保険制度がスタートし、ケアが社会的課題と位置づけられるようになった。その中で上野千鶴子（1948-）は社会的文脈の中でケアされる人の人権保障を求めた[23]。ケアが相互行為の中で、ケアする権利、ケアされる権利、ケアすることを強制されない権利、ケアされることを強制されない権利とし、当事者主権とケアの社会化の必要性を指摘した。また、こうしたフェミニスト的なケアの民主的倫理は、日本の政治の場でも必要性が主張された[24]。2010 年ケアラー連盟発足以降ケアラー（ケアしている人）の実態調査が行われ、2021 年・2022 年にはヤングケアラーの全国実態調査が公表された[25][26]。ケアがようやく社会の表舞台に登場し始めたのである。

　ところで、ケア教育の研究は主に看護や医療、福祉分野で多かった[27]。ケアする専門職としてどのようにケアしていくかが課題であった。患者へのケアは医学の周縁であり、狭義にはターミナルケアなどの看護や福祉の領域で限定的に用いられた。医療におけるケア不在に対する批判の機能を看護が担ってきたのである[28]。このように、ケアは主に看護や介護分野においていかに面倒をみていくかが中心課題であった。近年介護現場では、ケアを必要とする人に対する介護技術や接し方のみならず、家族介護をしている人への支援も注目されはじめ、またケアによる専門職の苦悩[28]も表面化したことから、共同体責任への移行が求められる。社会を構築し直せば人間にとって住みやすく生きやすくなるということである。ただし、教

育分野ではケアはいまだに一部のケア専門職養成のための教育が多く、広く一般の人を対象にしたケア教育がなされているとは言い難かった。一方で、例えば家庭科教育では家族関係や乳幼児・高齢者との関わりなどの人間関係性、調理・被服などの技術の習得などを学び、保健・体育では健康について学んでいて、これらはすべてケアに関わる学習を行っているといえる。しかし、そうした学びを「ケア」と捉えていなかったため、ほとんどの人はケア教育を受けたとは思っていなかった[29]。言い換えれば、ケアは自分ごとではなかったのである。

　小括すると、社会におけるケアは古代ギリシャ時代の苦役から、市民革命、産業革命期にも無視された存在だった。古典派経済学以降の経済学では 2000 年以前まで生産能力が備わっている人間を前提に、物を媒介にしたつながりの中で人間が捉えられていた。1980 年代以降ようやくケアの倫理という政治・経済に人間の利己的ではない側面からのアプローチがなされた。その後、ケアは家族介護から社会的問題として浮上したが、いまだにすべての人が当事者性を持っているとは言い難く、ケア教育を受けていると認識している状況にはない。

2　ケアの本質と多義性

　ケアには良い面も悪い面もある[30]。ここではケアにどんな意味合いがあるのかを探っていく。

　太古の昔から利他的な振る舞いがあったとされるが、進化心理学のプレマック夫妻は、生後 4 ～ 8 か月の赤ちゃんにも互酬性という発想があることを実験的に明らかにした[31]。赤ちゃんの頃からすでに利他的な心があったということである。また、ヒトは共同育児によって共感力を育てたといわれる[32]。空海（774-835）は「利他」を「自利利他」と書き、利己的でないことが利他であるとは考えず、また他者のために行動するだけでもなかった。中島岳志（1975-）は利他について「思いがけず利他」になるものであり、人間は利他的であろうとして意識的に行うものではなく、受け

手によって起動すると語り、毎日を丁寧に生き、為すべきことを為すという繰り返しが利他を呼ぶとした[33]。千利休（1522-1591）が確立した茶道には「和敬清寂」の精神がある。「和」はお互いに心を開くという理念であり、「敬」は尊敬し合うという手法、「清」は心清らかにという表現、「寂」は動じない心という哲学を表し、その日その瞬間を宇宙の中にいる一人として大事に過ごすことが道とされた。つまり、日本における利他の本質は自分と他者とのつながりの中で、日々の生活を大事に丁寧に過ごすことといえるのではないだろうか。

　ケアのバイブルとも言われるミルトン・メイヤロフ（Milton Mayeroff, 1925-）の『ケアの本質』では、一人の人格をケアするとはその人が成長することであり自己実現することを助けることであると定義した[34]。ケアは全人的活動を意味し、相互信頼と質的な関係性の変化をとおして成長していくものとした。その対象は親子、教師と学生、精神療法家とクライエント、夫婦など広く捉えた。ケアは応答的でケアしケアされ、ケアする者にとっても自己成長ができるものと説いた。前述したように、ギリガンも配慮することにより、他者への関心、責任、相互援助という行動や心の発達をもたらし、情況を踏まえた物語的な思考形式によってかかる問題に接近するものとし、ケアの倫理を提唱した[12]。

　ゆえに人間は意図せず利他的であり、ケアの一側面として、他者との関係性において向社会性や相互応答性があり、自己実現や自己成長をもたらし、それがひいては人類の発展をもたらすものとも捉えられる。また利他の本質は自然の中に存在している自分と他者とのつながりの中で、日々の生活を丁寧に生きることであり、これがケアの本質ともいえる。

　他方、ケアにはケアを行っているケアラーの時間的・心理的負担、葛藤という負の側面もある。ケアすることには責任が伴い重荷にもなり得る。他者との間に起こる葛藤をコントロールしなければ支配にも変わる。ケアされる人には、臭い・汚いといったしもの世話で考えると、ケアラーがいやいや行っているならば世話にはなりたくないという思いを持ち自助努力し、反面世話することを生きがいにしているならば、それを拒否できない

という思いがある[20]。ケアされている人もケアラーの心の動きによって拒絶や受容に気持ちが揺れ動く。ケアが行われることで、両者に苦悩・葛藤が生まれ、関係性が壊れる可能性もある。つまり、ケアには責任・不安・葛藤・負担という側面もあるということである。

　ところで、赤ちゃん、子ども、高齢者の世話は誰がしてきたのだろうか？　1980年代まで「老親の介護は長男の嫁」が行うものという社会規範があった。現在は息子が親の介護を担っている例も見受けられるが、主には女性が担っている。社会規範や無償労働に対する世間の見下し、ケア労働の低賃金、性別役割分業意識のほか病気や障害に対する偏見、差別、貧困などが複雑に絡み合っている。つまり、ケアは社会構造的問題とも捉えられる。このようにケアには多義性がある。

3　ヤングケアラー

　近年の日本ではヤングケアラーが注目されている。

　世界で最初にケアラー法を誕生させたイギリスでは、1990年代からヤングケアラーの実態調査が行われ[35]、2014年「子どもと家族に関する法律（Children and Families Act 2014）」でヤングケアラーを定義し、要支援児童として法的に位置づけた。ここではヤングケアラーとは「他の人のためにケアを提供している、または提供しようとしている18歳未満の者」とし、対象外となる18歳以上のケアラーに対しても適切な支援を実施することが規定された。ただしケアが契約に基づく場合、ボランティア活動として行われる場合は除くとされた。法的な人権保障がなされた点で評価されるが、家族介護を前提として差別や貧困を不明瞭にさせたため、潜在的ヤングケアラー[36]は存在していた。また、ヤングケアラー支援には将来の労働力育成の側面があり、心理的・社会的なサポートとなっているのか課題が残る。さらに、ケアを必要とする人に公的サービスが行き届いていればケアラー支援の必要はなくなるという主張もある[37]。

　前述したようにケアには多義性があり、他人の世話になりたくないとい

う思いがあったり、他人が家族内に入ることに恥ずかしさを感じたり、あるいは責任感や家族愛、世間体意識から自分がケアをしたいと思う人もいるだろう。一方で、公的支援の必要性がわかっていながら支援を頼む勇気がないという者もいる。「子どもの権利条約（1989 年国連採択、1994 年日本批准）」には子どもの意見の尊重が記され、2023 年施行の子ども基本法にも反映された。子どもが声を上げやすい環境の整備と、ケアのための個別最適な支援が望まれる。特にヤングケアラーには親のことを悪く言われたくない、または当たり前の日常すぎて大変さに気づかない、あるいは、ケアラーの背後にある貧困や障害に対する差別などが社会的排除をもたらし言い出せない場合もあるだろう [37]。国連「障害者権利条約（2006 年採択、2014 年日本締結）」では「個人の能力と社会の能力のギャップ」が障害であると記され、個人の問題（医学モデル）ではなく、社会の問題（社会モデル）とされた。ケアも社会構造的問題でもある以上、人権保障の意味合いからもケアラーを見過ごしてはいけない。

　日本では、一般社団法人日本ケアラー連盟が 2010 年に発足しケアラー支援の先駆けとされる。「介護を必要としている人も介護者も、ともに自分の人生の主人公になれる共生の社会をつくることを目指して」結成された。ケアラーとは「こころやからだに不調のある人の「介護」「看病」「療育」「世話」「気づかい」など、ケアの必要な家族や近親者、友人知人などを無償でケアする人」のこととし、ヤングケアラーは「家族にケアを要する人がいる場合に、大人が担うようなケア責任を引き受け、家事や家族の世話、介護、感情面のサポートなどを行っている、18 歳未満の子ども」とした。これに則り、厚生労働省では「ヤングケアラー」とは、「本来大人が担うと想定されている家事や家族の世話などを日常的に行っていることにより、子ども自身がやりたいことができないなど、子ども自身の権利が守られていないと思われる子ども」として、ヤングケアラーの実態調査を行い、2021 年および 2022 年に公表した（表 1-1）[25] [26]。その結果、小学 6 年生では約 15 人に 1 人、中学 2 年生では約 17 人に 1 人、全日制高校 2 年生では約 25 人に 1 人がヤングケアラーであった。高校生は少ないようにも

表 1-1 世話をしている家族が 「いる」と回答した人の割合

学　年	世話をしている家族がいる と回答した人の割合（%）
小学 6 年生	6.5
中学 2 年生	5.7
全日制高校 2 年生	4.1
定時制高校 2 年生相当	8.5
通信制高校	11.0
大学 3 年生	6.2

参考：日本総合研究所「ヤングケアラーの実態に関する調査研究
報告書（2022 年）」より筆者作成

見えるが、実際には定時制高校 2 年生相当に約 12 人に 1 人、通信制高校
では約 9 人に 1 人であった。ケアラーであるがために、進学の選択肢が狭
められているならば支援が必要であろう。ケアラーに対する認知度は徐々
に高まり、「可哀そうな子ども」を助けようと社会的支援の動きが出てき
ている。

　しかしながら、イギリス同様ケアラーであることに気づいていない生
徒や、ケアラーであることを隠している生徒もいる。筆者も実は元ヤング
ケアラーであるが、当時は友達にも先生にも伝えてはいなかった。言って
もしょうがないし、他の子どもと違っていると思われたくなかったのであ
る。ケアはみんなが行う当たり前のことと言われていれば、言い出せない
ということはなかったかもしれない。今後のケアラー支援を考える上で
も、言い出せないヤングケアラーを表面化させるケア概念が求められる。
つまり、「ケア」は日々の生活の中で誰もが行う実践であり、ケアされケ
アしているということである。「ケア」には人間を成長させるメリットもあ
れば、軋轢や葛藤、肉体的・精神的疲労などデメリットもあるという認識
と、社会規範や偏見・差別が変わればその状態も変化するものであるとい
う認識が必要である。日本では、2020 年に埼玉県がケアラー支援条例を制
定したのを皮切りに、徐々に地方自治体が実態や支援を始めようとしてい

るが、日本全体にケアラーの人権保障がいきわたっているとはいえない状況である。隠れたヤングケアラーがセルフアドボカシーを発揮できるとともに、それを受け止める環境がなければならない。こうしたことを実現するために、すべての人が当事者性あるいはエンパシー（Empathy）をもって傾聴すること、ケアについて考える ─ **丁寧に生活する・生きることを考える** ─ 教育、人権尊重がキーワードになるだろう。

そして、ヤングケアラー支援には大きくは傾聴という行為と、つながるという行為、教育的介入という行為があろう。もちろん支援と言うと、上から目線で思春期の若者たちには嫌がられる。

まずは、ヤングケアラー同士が聴き合い語り合える居場所をバーチャルな空間にも現実空間にも作らなければならない。筆者らは 2019 年より、「みんなの居場所：Care Place」（旧ケアラーズサロン）活動を行っている。コロナ禍ではオンラインの Zoom 会議を行っていたが、原則は大学や公共施設を利用して、何か困っていることがある人が気楽に語り合え、つながる場を提供している。小物づくりや映画上映、茶道体験などとセットで行うこともある。今後、企業や行政との協同などさまざまな形式を模索し、より多くの居場所を構築したい。

次に、ヤングケアラー支援を行う際に気を付けるべき点をあげてみよう。

第一に、言い出せるような人間関係・**信頼関係**を作ることである。心理的安全性が求められる。まずは挨拶から始めてみよう。信頼関係ができれば、話をしてくれるかもしれない。その時に大切なことはヤングケアラーの話に耳を傾けること ─ **傾聴** ─ である。余計な口出しをすればそこで壁を作られてしまう。

第二に、一人ひとりの状況は異なるので、**先入観や偏見を捨てる**ことが重要である。日本の超高齢社会を鑑みれば、貧困家庭だけにヤングケアラーがいるわけではない。障害を持っている人に対して偏見をもっていればヤングケアラーは言い出しにくい。

第三に、**ケアを否定しない**ことである。「可哀そう」「大変だね」は禁句

である。親を否定されたくはないし、上から目線を嫌う若者は多い。子ども
もの自己肯定感を大事にしたい。

第四に、当事者性やエンパシーを持って「つながる」ことである。前述している通り、上から目線ではなくフラットな関係性で一緒に考え、それぞれの状況に合わせて行政や児童相談所、教育相談センター、スクールソーシャルワーカー（SSW）など関係機関とつながることである。「つなげる」のではなく、「つながる」という意識が他人ごとにしていないと感じられ、ヤングケアラーの信頼を得ることになるだろう。さらに教師ならば、それぞれのヤングケアラーの状況を把握したうえで、その子の成長につながる言葉かけや関係機関への紹介などの教育的介入が必要になるだろう。この場合も教師とヤングケアラーである児童・生徒との信頼関係と人権尊重があってこそ、教育的介入が効果をもたらすのである。

ヤングケアラーを題材にした授業実践および高校生の声は第5章に後述する。

4 ユニバーサル・ケアとケアの再定義

人間は誰もが誰かに依存する時と依存しない時、弱さと自立の間で揺れ動きながらさまざまな経験をし、日常生活を送る。一人でいたい時には静かに黙考できるホーム（Home）があり、助けが必要な時には誰か（例えば、友人・知人・親・きょうだい・先生・専門家など）と対話し、制度や施設、組織にアクセスできるような、そんな生活を支えるためには水・空気・土地、生物多様性を含め自然環境が持続可能で、社会全体が平和で安全・安心な場であることが前提にある。こうした前提条件を維持するために、ケアから社会を問い直すことが重要であろう。ケア・コレクティブ（2017-）では、ユニバーサル・ケアを提案している[38]。ユニバーサル・ケアとは家内領域だけでなくコミュニティ、国家、地球に至るまでケアが第一の関心事であり優先されるということである。生のあらゆる局面においてケアが中心に置かれる社会を理想とした。ケアの多義性を理解して家族内ケアの

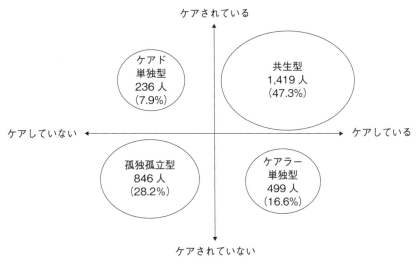

図 1-2　ケアラー・ケアド認識 4 類型図
（成人男女計 3,000 人）
出所：齋藤美重子・佐藤真弓（2023）[39)]

限界を想像し、かつ市場化に抵抗し、ユニバーサル・ケアという意識を第一に考えケアに満ちた政治、持続可能な世界を提案した。

　日本人のケアに関する認識について、成人 3,000 人にアンケート調査を行ったところ、4 類型化することができた（図 1-2）[39)]。なお、ケアされている人を英語の cared からケアドと称した。ケアしているしケアされていると認識している人が最も多く「共生型」と名づけた。次に多かったのが、ケアしていないしケアされてもいないという「孤独孤立型」、さらに、ケアしているがケアされていないと認識している「ケアラー単独型」、ケアしていないがケアされていると認識している「ケアド単独型」に分類された。ケアしケアされていると認識している「共生型」は 47.3％と半数近くいたが、一方でケアしてもいないしケアされてもいないという「孤独孤立型」は 28.2％もおり、現状に対して諦めているのか、満足しているのか今後の検討課題である。「共生型」はケア実践に対して自助・互助・共助・公助を有効に活用していたことも明らかになっており、ケアしケアされて

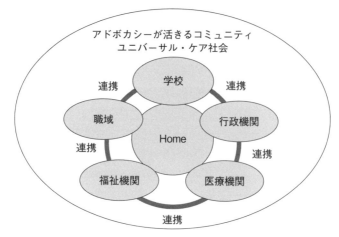

図1-3　ユニバーサル・ケア社会イメージ図
（筆者作成）

いるという認識がこれからのユニバーサル・ケア社会に必要な要素といえるだろう。

　第1章をまとめると、ケアの本質は、自然の中に存在している自分と他者とのつながりの中で、日々の生活を丁寧に生きることである。「ケア」は私たちの生活そのものへ関心を向け、共鳴・共振・共感的に配慮し実践する相互行為・相互作用・相互関係である。それはすなわちユニバーサル・ケア社会の土台と呼べるのではないだろうか。ユニバーサル・ケアはすべての人が対象であり、全人格的存在である人間の営みであり、社会に働きかける力となりうるものである。ケアには利他性、向社会性、共感性とともに、軋轢、重圧という感情、需要と葛藤、必要なものであるが避けたいという心理、無償労働に対する意識の低さ、低賃金、性別役割分業における不平等、病気や貧困に対する差別など、規範的、経済的、心理的、社会構造的側面が絡み合い、多義性を持つ。生活環境や心理状況にも左右され、ケアの配慮や行動も変わる。単に経済効率・時間効率を重視した支援ではなく、誰かにケアを頼んでしまう後ろめたさや他人には頼みたくないというプライドにも配慮しなければならない。ケアラーとケアド、いず

れも傷つきやすく多義性があるからこそ、社会課題としてケアの倫理と正義の倫理とのバランスをとりながら、これらをセーフティネットにした支援、ケアを中心に据えすべての人に開かれたユニバーサル・ケア社会について共に対話し検討しながら改善を重ねたいものである。

（齋藤美重子）

引用・参考文献

1)　川村学園女子大学研究奨励助成事業「ケアに対する世間体意識の研究」の一環として、2022 年 1 月、リサーチ専門機関マイボイスコム株式会社に依頼し、20 歳以上 3,000 人（男性 1,500 人、女性 1,500 人）を対象にウェブアンケート調査を実施した結果の一部である。川村学園女子大学研究倫理委員会の承認を受けている。

2)　ジョアン・C・トロント著　岡野八代訳／著『ケアするのは誰か？ ─ 新しい民主主義のかたちへ』白澤社 2020。『世界 2022 年 1 月号』岩波書店にケア特集が掲載された。

3)　上野千鶴子『ケアの社会学 ─ 当事者主権の福祉社会へ』太田出版 2011　pp.35-84.

4)　広井良典『ケア学 ─ 越境するケアへ ─ 』医学書院 2000　pp.3-4.

5)　齋藤美重子・佐藤真弓「ケア概念およびケアラー研究の現状と課題」『川村学園女子大学研究紀要』第 32 巻第 2 号 2021　pp.61-80.

6)　Wilson, E. O. 著　小林由香利訳『ヒトの社会の起源は動物たちが知っている ─「利他心」の進化論』NHK 出版 2020　山極寿一『「サル化」する人間社会』集英社インターナショナル 2014 などに人間が利他的・向社会性があることが示されている。

7)　プラトン著　藤沢令夫訳『国家上・下』岩波文庫 1979

8)　ジャン＝ジャック・ルソー著　桑原武夫・前川貞次郎訳『社会契約論』岩波文庫 1954

9)　ジャン＝ジャック・ルソー著　今野一雄訳『エミール下』岩波文庫 2007　pp.24-26.

10)　アダム・スミス著　高哲男訳『国富論上・下』講談社学術文庫 2020　カトリーン・マルサル著　高橋璃子訳『アダム・スミスの夕食を作ったのは誰か？ ─ これからの経済と女性の話』河出書房新社 2021　後者はアダム・スミスの経済学に批判的な見方をした書籍である。

11)　カール・マルクス著　岡崎次郎訳『資本論 1 第 1 巻第 1 分冊』1982『資本論 2 第 1 巻第 2 分冊』1983『資本論 3 第 1 巻第 3 分冊』1984 国民文庫大月書店

12)　キャロル・ギリガン著　岩男寿美子訳『もうひとつの声 ─ 男女の道徳観のちがいと女性のアイデンティティ』川島書店 1986。ネル・ノディングス著　立山善康・林泰成・清水重樹・宮崎宏志・新茂之訳『ケアリング ─ 倫理と道徳の教育 女性の観点から』晃洋書房 1997 などが出版された。この他、マーサ・C・ヌスバウム著　神島裕子訳『正義のフロンティア─障碍者・外国人・動物という境界を越えて』法政大学出版会 2012

ヌスバウムは正義論を批判的に検討し、人間の脆弱性に注目して「他者と連帯すること
ができること」や「自然と調和して生きることができる」などの可能力アプローチによ
り、〈人間らしい生活〉を追求した。

13）ファビエンヌ・ブルジェール著 原山哲・山下りえ子訳『ケアの倫理 ― ネオリベラリ
ズムへの反論』白水社 2014。ヘルガ・クーゼ著 竹内徹・村上弥生訳『ケアリング ―
看護婦・女性・倫理』メディカ出版 2000。上野千鶴子『ケアの社会学 ― 当事者主権
の福祉社会へ ― 』太田出版 2011。これらによりジェンダー平等の視点から批判され
ている。

14）エヴァ・フェダー キテイ著 岡野八代・牟田和恵訳『愛の労働あるいは依存とケアの
正義論』白澤社 2010

15）ネル・ノディングス著 佐藤学監訳『学校におけるケアへの挑戦 ― もう一つの教育を
求めて ― 』ゆみる出版 2007

16）アマルティア・セン著 池本幸生・野上裕生・佐藤仁訳『不平等の再検討 ― 潜在能力
と自由』岩波書店 2018。アマルティア・セン・後藤玲子著『福祉と正義』東京大学出
版会 2008 などに詳しい。

17）カトリーン・マルサル著 高橋璃子訳『アダム・スミスの夕食を作ったのは誰か？ ― こ
れからの経済と女性の話』河出書房新社 2021

18）レヴィ＝ストロース著 川田順造訳『悲しき熱帯〈1〉〈2〉』中央公論新社 2001

19）エリク・H・エリクソン『アイデンティティ：青年と危機』新曜社 2017。E・Hエ
リクソン『アイデンティティとライフサイクル』誠信書房 2011。アイデンティティは
「自我同一性」「自分は自分であると自覚すること」というセルフ・アイデンティティ
として語られる。しかし一方で、アーヴィング・ゴフマン『スティグマの社会学 ― 烙
印を押されたアイデンティティ』せりか書房 2001 でゴフマンは "a virtual social
identity" と "a actual social identity"、"personal identity"、"ego identity" な
ど関係性の中で変容するものとも述べており、単純に語ることはできない。

20）川本隆史編『ケアの社会倫理学』有斐閣選書 2005 の最首悟「ケアの淵源」や春
日キスヨ「介護とジェンダー」、春日キスヨ著『変わる家族と介護』講談社現代新書
2010。これらに家族介護の問題が詳しい。

21）宇沢弘文『社会的共通資本』岩波書店 2000

22）一番ケ瀬康子『生活学の展開 ― 家政から社会福祉へ』ドメス出版 1984

23）上野千鶴子『ケアの社会学 ― 当事者主権の福祉社会へ ― 』太田出版 2011

24）ジョアン・C・トロント著 岡野八代訳／著『ケアするのは誰か？ ― 新しい民主主義
のかたちへ』白澤社 2020

25）三菱 UFJ リサーチ＆コンサルティング「令和2年度 子ども・子育て支援推進調査研
究事業ヤングケアラーの実態に関する調査研究 報告書」2021 https://www.murc.jp/

wp-content/uploads/2021/04/koukai_210412_7.pdf（最終閲覧日：2022.9.6）

26）日本総合研究所「令和 3 年度子ども・子育て支援推進調査研究事業　ヤングケアラーの実態に関する調査研究報告書」2022　https://www.jri.co.jp/MediaLibrary/file/column/opinion/detail/2021_13332.pdf（最終閲覧日：2022.9.6）

27）齋藤美重子「学校教育におけるケア学習プログラムの視点－イギリスにおけるヤングケアラー支援および日本におけるケア教育研究の動向をふまえて ─」『川村学園女子大学研究紀要』第 33 巻　2022　pp.189-208. CiNii Research で「ケア教育」「ケアリング教育」「ケア学習」のキーワード（2021 年 8 月 21 日現在）で検索すると「ケア教育」503 本、「ケアリング教育」33 本、「ケア学習」20 本で、ケア教育では「緩和ケア教育」に関する内容が最も多く、医学・看護学領域の論文がほとんどを占めた。

28）川本隆史編『ケアの社会倫理学』有斐閣選書　2005 の池川清子「実践知としてのケアの倫理」。鷲田清一『「聴く」ことの力 ─ 臨床哲学試論』筑摩書房　2015。これらには、医療現場でのケアの倫理が展開されている。川本隆史編『ケアの社会倫理学』有斐閣選書　2005 の武井朝子「感情労働としてのケア」 には看護職の苦悩について記述されている。

29）2021 年 1 月 29 日〜 2 月 1 日に筆者らが全国成人 3,000 人を対象に行ったウェブアンケート調査では「ケアについて学んだ記憶がない」人が 8 割弱に及んだ（2022 年日本家庭科教育学会大会で一部発表した）。

30）森村修『ケアの倫理』大修館書店　2000

31）デイヴィッド・プレマック、アン・プレマック著 長谷川寿一監修 鈴木光太郎訳『心の発生と進化 ─ チンパンジー、赤ちゃん、ヒト』新曜社 2005 pp.31-34 Vaish, A., Carpenter, M., & Tomasello, M. *Sympathy Through Affective Perspective Taking and Its Relation to Prosocial Behavior in Toddlers*. Developmental Psychology, 45 (2) 2009　534-543. 後者にも 18 か月の幼児が被害を受けた大人に対して自発的に助けようとする行為を見せることが示されていた。

32）山極寿一『「サル化」する人間社会』集英社インターナショナル　2014

33）中島岳志『思いがけず利他』ミシマ社　2021。若松英輔『はじめての利他学』NHK 出版　2022

34）M. メイヤロフ著　田村真・向野宣之訳『ケアの本質 ─ 生きることの意味』ゆみる出版　1987

35）Bilsborrow, S. *'You grow up fast as well...' Young Carers on Merseyside*, Health and Social Care Volume 1 Issue5 1993 263-324. Aldridge, Jo and Saul Becker. *Punishing Children for Caring: The Hidden Cost of Young Carers*. Children & Society 7: 4 1993 376-387. Dearden, Chris and Becker, S. *Young Carers: The Facts*, Sutton: Reed Business Publishing 1995 Becker, S., Dearden, C. and

Aldridge, J. *Young carers in the UK: research, policy and practice* Research, Policy and Planning Vol.8 No.2 2000 13-22. これらの文献に詳しい。

36) Becker は NHK のインタビューで、潜在的ヤングケアラーの存在を明らかにした。https://www.nhk.or.jp/shutoken/wr/20210430yc.html（最終閲覧日：2022.8.23）

37) Keith, L. and Morris, J. *Easy Targets: A Disability Rights Perspective on the "Children as Carers" Debate*, Critical Social Policy 1995 44/45: 36-57. Newman, T. *'Young Carers' and Disabled Parents: Time for a change of direction?* Disability & Society. 2002 17 (6): 613-625. これらの文献ではヤングケアラー概念に疑義が呈された。また、Saito, M. et. al. *Development of Young Carers' Identities ─ The Concept of Young Carers in Other Countries and Interviews with Young Carers in Japan ─.* International Federation for Home Economics XXIX World Congress, Atlanta, USA 2022 ここでは、東南アジア地域におけるヤングケアラーについてのインタビュー調査の結果、背景に貧困があることが明らかになった。

38) ケア・コレクティブはケアをめぐる世界的な危機に取り組むことを目的に、2017年から研究者ら（アンドレアム・ハジダキス、ジェイミー・ハキーム、ジョー・リトラー、キャサリン・ロッテンバーグ、リン・シーガル）により活動が行われている（ケア・コレクティヴ著　岡野八代・冨岡薫・武田宏子訳『ケア宣言 ─ 相互依存の政治へ』大月書店　2021）。

39) ケアしケアされていると認識している「共生型」は、ケア実践に対して自助・互助・共助を有効に活用しているだけでなく、これからの社会に対する関心も高く、他の3類型に比べ「勤務しやすい柔軟な働き方」や「ケアラーに役立つ情報提供」など、幅広く要望を出したことが確認された（齋藤美重子・佐藤真弓「ケアラー・ケアド認識4類型とケア実践との関連 ─ 全国成人アンケート調査の検討から ─ 」『川村学園女子大学研究紀要』第34巻　2023　pp.175-185.）。

個人の尊厳は、「できる」を前提にしたケアにあり！

芳賀優子

　私は、生まれた時から「ロービジョン」だ。一人ひとり異なる見えにくさを持つ障害なので、「視覚障害＝まったく目が見えない」という固定観念が強い日本の社会では、数が多いにもかかわらずなかなか理解されない。

　出身は福島県で、幼少期は普通に近所の子どもたちと遊んでいた。わが町内独自の遊びルールをつくって、鬼ごっこ、缶蹴り、みんなで何でもやった。近隣の町内の子どもたちとのけんかも日常茶飯事。毎日誰かがどこかでいじめられた。翌日は、わが町内の威信をかけて、みんなで相手に乗り込む。ガキ大将のMを中心に作戦会議が招集される。役割分担、妥協点、逃げるタイミング、誰かが失敗したときのフォローに至るまで、その中身はかなり詳細で周到だ。私の役割は、口で相手を言い負かす、そしてMが転びそうになったら後ろで体を張って支えること。見えないだの、ケガがどうのといった言い訳は一切NG。町内のメンバーなら町内の威信を守る、協力すればできるが大原則だった。Mは一度も転ばなかった。大人があまりにも忙しくて、子どもの世界に口出しする暇がない、とても素敵な時代だった。

　小学校から高校は家を離れて盲学校で学んだ。大学に進学して、初めてインクルーシブな教育を受けた。重度のロービジョン学生を受け入れるのは、その大学では初めて。バリアフリーも、障害学生支援室もなかった時代、お互いに手探り状態の中で大学生活が始まった。スペイン語を専攻したが、スペイン人教授陣の指導は私を一変させた。

　学習環境整備に惜しみなく協力したうえで、私とほかの学生とを対等に扱った。同じ入学試験に合格したのだから学力は似たようなもので、あとは本人次第で伸びていけるという考えだ。

　「眼を大切に。そのためによく考えて効率的に勉強すること。必要な配慮は遠慮なく自分から言いなさい」国連の障害者権利条約発行よりも20年以上前の指示だ。

　眼の管理について、眼科医師以外から親身に指導されたのもこれが初めてだった。当時は、医学で治らない目だから管理しなくてよいという風潮が大勢であった。もう一つ、忘れられない教えがある。

　「せっかく目が悪いのだから、耳と口できれいなスペイン語をマスターしたら

いかがですか？ 目の見える人に合わせるより、数段実り多いと思いますよ」。今でも私をうんざりさせる「人の何倍も努力してやっと健常者並み」という、上から目線から解放された瞬間であった。

「障害者はできないからやってあげます」的なアプローチを、すべての分野で見直す時が来ている。「できない」を前提にすると、どんなに立派な法律やガイドラインがあっても、当事者が一人の対等な人間としてその意思が尊重されなくなり、潜在的可能性が損なわれることにつながる。「生きづらさ」の主たる原因だ。

私の生き方に影響を与えた人たちには共通点がある。「できる」を前提に体当たりで関わり、走りながら考えることだ。障害ではなく、私という一人の人間全体を見て、その尊厳を尊重してくれる人たちがあってこそ、今の私がある。「できない」を前提にするよりはるかに難しい。これらの方々とせめぎ合って作り上げているのが、私の共生社会だ。

ポルトガルのエルバスの通りにある案内表示を見ている芳賀優子さん

ツーリストインフォメーション、銀行などの案内が、文字とピクトグラムで書かれていて、行くべき方向が矢印で示されている。文字色と背景色の明度差もしっかりあるユニバーサルデザインの表示

第**2**章

共生とは何か

　共生には心地よい響きがあるようだ。2022 年全国 3,000 人を対象にした共生に対するイメージのウェブアンケート調査結果（図 2-1）¹⁾ では、「共生という言葉からイメージするもの」を複数あげてもらったところ、「多様性の尊重」43.7%、「社会のまとまり」33.6%、「多文化理解」29.2%、「自

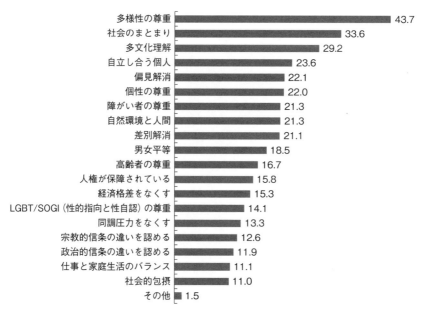

図 2-1　共生に対するイメージ（%）

（複数回答・全国 20 歳以上男女 3,000 人対象、筆者作成）

立し合う個人」23.6%、「偏見解消」22.1%、「個性の尊重」22.0%などさまざまなイメージが表れた。近年では企業経営戦略においてダイバーシティ&インクルージョン（多様性と包摂）が謳われている。「人材の活用」の側面がクローズアップされ、人間をモノ扱いしている感が否めないので、本章ではあえてダイバーシティ&インクルージョンではなく、多様性と共生の単語を使う。ただ共生という言葉自体にも胡散臭さは感じるが、…。

　「共生」の歴史的変遷を辿ることで、「共生」とは何かを探り、「共生」に向けた教育の視座に接近したい。

I　共生概念の歴史的変遷

　E. O. ウィルソン（E. O. Wilson, 1929-2021）の言説は第1章で述べたが、第2章から読み始める人のために再度、ヒトの社会性について述べる[2]。300万年前から200万年前の人類の祖先は樹上からサバンナへと移行し、当時サバンナで起こる落雷による火災が頻発したことにより、屍肉を食べることもできるようになったと推定される。菜食中心の食生活から、野営地を決め狩猟係と見張り・育児係による協力と分業体制が出来上がった。約100万年前に、たいまつを持ち運び制御された火の使用が実現されて以降、ヒトは調理とともに食事を分かち合い、会話をし、群れは結束した。集団全体に協力的・利他的な振る舞いと、社会的交流の時間（会話）が増えることが、知性をより高度に進化させた。言い換えれば、ヒトと共に生きることがヒトの社会の進化に必要不可欠だったということである。

　1870年代後半より、生物学分野において生物間の関わり合いを「共生（Symbiosis）」という単語で表した[3]。共生は当初自然科学において、生物間の関わり合いから自然と人間との関係性を表す用語になった。その後政策面において、1950年代 N. E. バンクミケルセン（N.E.Bank Mikkelsen 1919-1990）が、障害のある人もない人も同じように普通の生活を送り、同様の権利が保障されるように環境整備を目指すという「ノーマライ

ゼーション」(Normalization) を提唱し、この理念をベンクト・ニィリエ (Nirje, B. 1924-2006) が体系化し国際的に広めた[4]。さらに、1970 年代には障害のある人が普通の人に合わせようとするのではなく、社会的排除をなくすという「ソーシャル・インクルージョン」(Social Inclusion: 社会的包摂) が展開された。フランスで発祥し、欧州連合、国際連合などの国際機関において社会政策の基礎的理念となった。社会的弱者を排除せず共生する社会の実現をめざすことが認識された。社会的弱者は障害の有無だけではなく、人種、民族、国籍、宗教、年齢、学歴、SOGI などの違いにより所得や発言力などが制限もしくは搾取されたり、抑圧されたり、あるいは阻害され人権が尊重されていない個人や集団のことである。つまり、社会的弱者は大多数の中で著しく不利・不利益な境遇に立たされる個人や集団のことで、直接的暴力も構造的暴力[5]も受けていることが多い。共生は社会と人間との関係性を示すものになった。

　産業主義的な生産性の正反対を明示する用語として、コンヴィヴィアリティ (Conviviality: 自立共生) を I. イリイチ (Ivan Illich, 1926-2002) は提示した。コンヴィヴィアリティとは、「人間的な相互依存のうちに実現された個別自由であり、またそのようなものとして固有の倫理的価値をなすもの」[6]とした。モノやサービスを買うことを強いられた社会に対する批判であり、技術や制度に隷属すべきではないこと、人間の心を損なうことなく他者や自然との関係性の中で自由を享受し創造性を発揮させていく社会を求めたものだった。共生は人間の心を問うものになった。

　1980 年代以降ギリガン (Carol Gilligan, 1937-) やキティ (Eva Feder Kittay, 1946-)、ファビエンヌ・ブルジェール (Fabienne Brugere, 1964-)、ジョアン・C. トロント (Joan C. Tronto, 1952-) らにより、人間はヴァルネラブルな存在で他者への関心・配慮、つまり、どう応じるかという「ケアの倫理」[7]が求められ、依存をふまえて公的な支援をしていくことが共に生きる社会につながるという主張が現れはじめた。ブルジェールは、弱さを持ち相互依存している人を配慮することが善であるというケアの倫理を政治へと拡張していくことが、共に生きる社会につなが

ることを著した[8]。ケアから共生が問われた。

　一方日本では、1970年代以降地球上の環境が生物との相互作用の中で作られたことを「共生」とした（ex. 石川；1988，川那部；1996）[9]。福岡伸一（1959-）は生命は本質的に利他的であり、利他的な行為によって生態系が成り立っていると語り、行き過ぎたロゴス（論理、言葉）に警鐘を鳴らし、ロゴスとピュシス（自然）との融合を提示した[10]。

　花崎皋平（1931-）は1970年代の終わりごろから人間と自然の共生を目指す文明について言及し、1980年代には「共生の感覚」を主体形成の基礎とした[11]。「共生の感覚とは人と人、人と風景の有機的一体性の感覚」とし、人文科学からも論じられるようになった。

　しかし、共生は歴史的には第二次世界大戦以前の植民地統治方針として論じられ、共生＝善というイメージに隠された同化政策の延長線上の政治性があった[12]。そして、1970年代末ごろから共生は異なる文脈で語られるようになる。在日朝鮮人と日本人の関係性[13]といった民族差別や障害者差別、女性差別、部落差別など社会的不平等を是正しようという意味合いで用いられた。このように、社会科学からも議論されるようになったのである。1980年代中頃には言論界、広告情報界に善というイメージでの共生ブームが起こり、自然との共生、アジアとの共生、多文化共生などのワードが頻繁に使用され、広く一般に浸透していった[14]。

　1980年代末から1990年代半ばには政策上「社会的まとまり」が志向され、1990年代半ば以降「自立した個人」による「社会のまとまり」を重視したものに変容した[15]。2001年には内閣府が「共生社会の形成促進」を管轄した。グローバルに展開した新自由主義経済システムを背景に、再び他に依存しない主体性をもった自立した個人 ― ホモ・エコノミクス ― が求められた。自己責任論が蔓延し社会的弱者に対する暴力、差別、偏見、あるいは無視、無関心を引き起こす一方で、経済格差の拡大は社会全体に不満をもたらし容認できない状況に陥っていった。

　2015年以降厚生労働省による「地域共生社会」では、「制度・分野ごとの『縦割り』や『支え手』『受け手』という関係を超えて、地域住民や地

域の多様な主体が参画し、人と人、人と資源が世代や分野を超えてつなが
ることで、住民一人ひとりの暮らしと生きがい、地域をともに創っていく
社会」が示された[16]。縦割りの解消や自分ごとにして参画する点は評価
できるが、差別や偏見の陰でもの言えぬ人はいないだろうか。今後公的サ
ポートをどのように行っていくか、自立と共生が新たな課題として浮かび
上がる。

　小括すると、共生は生物間から人間と自然、人間と人間との関係性へと
広がりをみせ、人権の尊重と差別解消を目指すことが加えられたというこ
とである。また、共生には同化政策にみられる"隠"の共生と差別解消に
向けた"善"の共生がみられたことがわかる。本書での「共生」の定義は「4
多様性の尊重と「共生」の再定義」で述べる。

2　自立概念の変遷

　自立は近代以降成熟した姿として登場した。現在でも自立は素晴らし
いことで、依存は悪いことというイメージを持つ人は多いのではないだろ
うか。自分が幸福に値する人間になるように道徳法則に従って生きること
を求めたイマヌエル・カント（Immanuel Kant, 1724-1804）は自分を律す
ることを自立とした。人は独立した存在であり同時に人類の一部であり自
然界の一部であるとしたフリードリヒ・フレーベル（Friedrich Wilhelm
August Fröbel, 1782-1852）、自由な人間の主体的な意志の存在を否定し、
人間は社会に行動を規制されているとしたクロード・レヴィ＝ストロース
（Claude Lévi-Strauss, 1908-2009）、依存先を増やすことが自立であると
説いた熊谷晋一郎（1977-）[17]、社会的相互作用の中で変化する人間を表し
たアーヴィング・ゴフマン（Erving Goffman, 1922-1982）[18]など、自立を
定義することは容易ではない。心理的安全性[19]のある環境の中で、意見表
明ができる人も自立した人といえるかもしれない。

　戦後の高等学校家庭科教科書を辿っても、自立概念は「他に依存しない
自立」から「共感的応答性のある自立」へ変容していた（図 2-2）[20]。戦

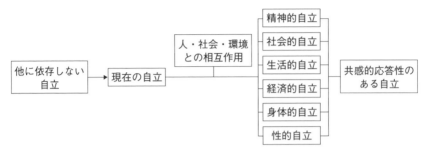

図2-2　高等学校家庭科教科書における自立概念図
（筆者作成）

後民主主義国家を目指して人権を保障する自立・社会的自立から家事・育児などの生活的自立、生活収入を得る経済的自立、アイデンティティの確立・精神的自立、高度経済成長期以降、グローバル化の進んだ新自由主義経済体制期では他に依存しないという自立が強調されたが、今後は共感的応答性のある自立にも着目しなければならないだろう。換言すれば、自立概念は社会的文脈の中で変容するのである。

　『広辞苑』によれば、孤独とは「仲間のないこと。ひとりぼっち。」で、孤立とは「他とかけ離れてそれだけであること。ただ一人で助けのないこと。」とされ、英語では孤独は Loneliness、孤立は Isolation である。世界ではじめて孤独担当大臣（Minister for Loneliness）を置いたイギリスでは、「孤独とは人付き合いの欠如や喪失という主観的で好ましくない感情」[21] を指し、「現代の公衆衛生上最も大きな課題の一つ」とした。

　つまり、孤独は主観的な不安や悩み、寂しさを抱えていることを指し、孤立は人や地域、社会とのつながりが少ない人を指すということである。つながりと自己肯定感との関係性を図2-3で示す。4象限の「孤高」の人は一人思索に耽ったり一人でいることを楽しむ人のことで、必要性があればつながる人を意味し「共生」に移行しうる人でもあり、一人で寂しいと感じている孤独とは異なる。自己肯定感が高く、なおかつ人や社会とつながっている人を「共生」の象限に入れたが、こちらも一人でいたいときには一人でいることを寂しいと感じることはない自己肯定感の高い人であ

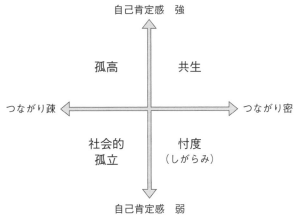

図 2-3　自己肯定感と人とのつながり感
（筆者作成）

り、孤高と共生とは往還している存在である。自己肯定感が低くつながり
を求める人はしがらみと感じながら「忖度」し、つながることができない
人は「社会的孤立」となり、忖度と孤立にも往還が起こりうる。自分が望
むつながり（個人的・社会的関係性）と現在の環境とのギャップがあると
きに孤独を感じるのではないだろうか。

　2021 年から日本でも孤独・孤立が社会問題であるとして、内閣官房にお
いて全国実態調査が行われた[22]。2022 年の結果では、仕事の有無別孤独感
は、「仕事なし（失業中）」の人が孤独感が「しばしばある・常にある」9.9%
で最も高く、世帯年収別では年収の低い 100 万円未満の人が孤独感が高
かった。全体平均では、孤独感が「決してない」人は 18.4% であり、8 割
（81.6%）の人は何らかの孤独感を感じていた[22]。所属の有無、格差などの
社会的背景が孤独感に関係しているということであり、孤独・孤立は社会
の問題と捉えなければならない。複数の社会的要因があれば、一人だけで
解決できるものではない。依存に対するバッシングは、さまざまな社会的
背景を無視したもので分断や孤立を招くことにつながる。誰にも頼らない
ことを自立として、頼ることを許さない、頼らないことを強制されるもの

であってはならない。

　2019年12月以降、新型コロナウイルス感染症が瞬く間に世界中に蔓延した。もともと動物由来のウイルスが、自然を破壊してきた人間との接近により広がったものである。世界的なグローバル化に待ったをかけ、人間に自然との共生、人間と人間との共生を人びとに問いかけ直した。人間は強い個人ではなくヴァルネラブルな存在であることを前提に、自然や社会と人間、人間と人間との共鳴・共振・共感的で応答利他的な関係性の中で自己が表出され、人権が保障され、依存することも依存しないことのいずれも自由に選択でき、責任を持って生きることを自立というべきだろうか。しかし、そこから抜け落ちてしまう責任を持ちたくても持てない人をどう包摂するのかも考えなければならない。

3　自立と共生

　自立は自分がつながりを持てない孤立でもなく、誰かにべったりくっつく依存でもなく、生きていく上で必要な資源 ── 地域ネットワークや制度を含めて ── を活用し、人や社会や自然といった環境と関わり合いながら、対話を重ね、時に悩み耐え、せめぎ合いぶつかり合い反発し合う中で、共鳴・共振・共感し、新たな価値を創っていくものではないだろうか。自立は生きていくために声を上げ、相互応答性をもってアイデンティティを確立していくものでもある。ケアする側とケアされる側では非対称で相互応答的ではない場合もあるが、熊谷は「ほどきつつ拾い合う関係」[17] でまなざしがそろってくると述べており、こうした関係性が自立には欠かせないのではないか。言い換えれば、セルフ・アイデンティティ [18] があることで支配に変わることなく共生することができるのかもしれない。

　共生は他の生物を食べて消化・吸収・排泄してまた他の生物の栄養分になって生きていくように、服が破れたらほどいて繕い新たな価値を生み出すように、あるいはまた、利他的な行為が生態系を成り立たせているように、人間が生きていくために欠かせない生の循環的関係性といえる。さ

まざまな人が多様性を持ってともに生きることが共生であり、人に身をゆ
だねることもゆだねられることも豊かな人間関係ではないか。新型コロナ
ウイルスによるパンデミックは、それまで礼賛されてきたグローバル化を
阻み、見過ごされてきたケアの問題や、格差、貧困、虐待などの課題を露
わにした。人間が人間との関係や人間と自然との関係、人間と社会との関
係を今後どのように編み直していくかが人新世（Anthropocene）の行方を
担っている。

　このように、現在の共生に必要な要件は、人間や社会や自然と対話し合
いせめぎ合い、時に悩み耐え、ケアの倫理でどう応じるかを考えることで
ある（図 2-4）。その根底には、自分の思いを語ることができる安全性が確
保され、安心感や信頼関係が必要であることは言うまでもない。こうしたプ
ロセスを繰り返すことで、年齢・性別・国籍・人種・障害の有無・LGBT/
SOGI・宗教・価値観の違いなどを受けとめ、認め合い、ボトムアップで緩
やかなネットワークをつくっていくことができるのだろう。プロセスは更
新し続け、皆が当事者性をもって対話し、参加しケアし合うことで新たな

図 2-4　共生のイメージ図
（筆者作成）

価値を生み出す。換言すれば、共生にはケアし合うことが欠かせないということである。

4　多様性の尊重と「共生」の再定義

　共生とセットのように扱われているのが、「多様性の尊重」ではないだろうか。図 2-1 で示したように、「共生」のイメージ（複数回答）は「多様性の尊重」（43.7%）が最も多く、次いで「社会のまとまり」（33.6%）であった[1]。

　多様性に関しては、ダイバーシティ＆インクルージョン経営が人材の有効活用と企業のイメージアップにつながるため、経営戦略の一つとして経営分野で先行的に行われてきた。多様性が人類に進化をもたらす重要な鍵であるとする人は多い[23]。障害を持つ人との関わりを通して身体のあり方を研究をしている伊藤亜紗（1979-）は一人の人の中にある多様性・無限性にも着目している[24]。多様性の尊重の反面、不平等や格差、差別、排除が複雑に絡み合い、隠蔽されている可能性も否定できない。

　貧困問題に取り組んでいる湯浅誠（1969-）は多様性を認め合っている状態は実はつながりにくく、分断と細分化につながることを指摘した[25]。それを象徴する 3 つの要素として、「敬遠」「遠慮」「攻撃」を挙げ、こうしたことの克服のために「インクルージョン」が必要であるとし、インクルージョンとは多様な人たちとつながろうという意思を持ち、そのつながり方を積み重ねていくこととした。対話し、配慮し合う体験と、その芽を育て広げていくことを課題とした。

　今後「ほどきつつ拾い合う」[17]緩やかな関係性の中で「共鳴・共振・共感的相互応答性を創り出す自立」が、ひいては「アドボカシーが活きる社会」につながると考えられる。共生を考えることは他者を考えるとともに、多様な自分を見つめ直し自分が生きることを見つめ直すことでもある[26]。コロナ禍で医療従事者や日常の生活を支えてくれている人びとへの感謝や思いやりが表れる一方で、同調圧力が増し移動や行動の制限を受け

ストレスを感じたり、格差が拡大し、誰一人取り残さない社会の実現がいかに難しいことかを思い知った人は多かろう。多様性という言葉には人間を浮かれさせ、不平等や差別、排除、格差を覆い隠す魔力がある。多様性を認めるためには、さまざまな差異に潜んでいる構造化された不平等や格差、偏見、差別を批判的に検討しなければならない。さまざまな生きづらさを感じている人びとの声に耳を傾け、自己との対話、他者との対話、自然との対話、社会との対話をとおして考え、つながる必要がある。「すべての人間は生まれながらにして自由であり、かつ、尊厳と権利とについて平等」(All human beings are born free and equal in dignity and rights. 世界人権宣言、1948) であるからこそ、多様性の尊重とは、性別や年齢、国籍、人種、障害の有無、LGBT/SOGI、宗教、価値観など人と人とのあいだにある違いのみならず、感覚や知覚や、判断力、記憶力、理解力などの認知の違いや、一人の人間の中にある多様性を含めて認めることである。すなわち、ケアの倫理と正義の倫理を編み合わせセーフティネットにして、時にケアの倫理と正義の倫理のバランスを変えながら多様性を認めていかなければならない。

　まとめると、「共生」とは、自然や社会環境と人間、人間と人間との相互作用の中で、多様性を尊重し、人権を認め、共に生きること、多様な選択肢の中で信頼し合える緩やかなネットワークをつくることといえよう。そして、「共生」は多様性に潜む差別・偏見・無視・無関心を明らかにし、対話を重ね、時に悩み耐え、時に戦いせめぎ合い、ケアし合うものにしなければならない。プロセスを重ねながら更新し続けることが肝要である。ケアから表出される課題を社会に問い、対策を講じることがアドボカシーが活きる社会であり、ユニバーサル・ケア社会に通じる。

5 「共生」のための教育 ― 家庭科から考える ―

　「共生」に関わる教育には国際理解・多文化教育、インクルーシブ教育、シティズンシップ教育、開発教育などさまざまな教育があり、実践されている。しかし、前節までで「共生」についてともに生きることを述べたが、

人間のもつ排他性も無視できない問題であり、子育てや介護の名の下で児童虐待や介護虐待などが起こっている現状をみると、当初は良かれと思って行ってきた行為（善意）がいつのまにか独善的になってしまうこともある。繰り返しになるが、「共生」とはさまざまな人が多様性を持って社会や自然環境の中でともに生きることで、一人の中にある多様性を含めて、主権者として対話し合いせめぎ合い配慮し合い、時に悩み耐え、社会や自然と対話するというプロセスを繰り返し、緩やかなネットワークをつくり更新させ続けるものである。だからこそまずは「共生」のための教育を考える上で、単に教師がともに生きるという理念や差別解消を説くだけではなく、学校そのものが社会の縮図となって機能していないかを見つめ直し、「共生」の場としなければならない。教師と児童・生徒は対等な関係性ではない（例えば成績をつける人対成績をつけられる人）ためにケアの倫理が要所になる。また、学校は社会の縮図といわれるが、虚構の空間だからこそ子どもたちは間違ったことを言ってもよいし、間違いを成長の機会と捉えられる環境にしなければならないだろう。

　国際連合が掲げる「万人のための教育（Education for All）」の目標実現にむけて、1994年ユネスコ（UNESCO）とスペインによって開催された「特別なニーズ教育に関する世界会議」において、万人のための学校を提唱した「サラマンカ宣言（Salamanca Statement on Principles, Policy and Practice in Special Needs Education and a Framework for Action）」が採択された。この宣言文では「インクルージョン」と「参加」こそが人間の尊厳や人権の享受と行使にとって必要であるとした。「すべての子どもたち」には「障害児や英才児、ストリート・チルドレンや労働している子どもたち、人里離れた地域の子どもたちや遊牧民の子どもたち、他の恵まれていないもしくは辺境で生活している子どもたち」も含まれた[27]。イタリアではいち早くフルインクルーシブ教育が行われた[28]。

　これに対し、日本ではインクルーシブ教育の構築に向け「共生社会の形成に向けたインクルーシブ教育システム構築のための特別支援教育の推進（報告）— 中央教育審議会初等中等教育分科会」が示された。インクルーシ

ブ教育が特別支援教育として、共生社会の形成に必要であるとされた。文
部科学省では共生社会の形成に向けて、「「共生社会」とは、これまで必ず
しも十分に社会参加できるような環境になかった障害者などが、積極的に
参加・貢献していくことができる社会」とし、「インクルーシブ教育シス
テム」とは、障害者の権利に関する条約第 24 条に則り、「人間の多様性の
尊重などの強化、障害者が精神的および身体的な能力などを可能な最大限
度まで発達させ、自由な社会に効果的に参加することを可能とするとの目
的の下、障害のある者と障害のない者が共に学ぶ」仕組みであることを示
した。共生社会とは、これまで必ずしも十分に社会参加できるような環境
になかった障害者が、積極的に参加・貢献していくことができる社会のこ
とであった [29]。すなわち、インクルージョンは、本来は「すべての子ども
たち」のための教育であったものが、日本では障害児のための教育と捉え
られがちになったのである。

　戦後日本では、新たに家庭の民主化を目指した家庭科と社会の民主化を
目指した社会科が新設された。ともに、民主的な国づくりに貢献すべく、
市民の育成のための教科であった。藤田英典（1944-）は社会の矛盾や対
立の理解と調整・解決していく能力や構えの形成が社会科における学習課
題であることを提示した [30]。佐藤学（1951-）は「学び」の活動を「意味
と人の関係の編み直し」として、対象との対話、自己との対話、他者（社
会）との対話の実践と捉えた [31]。

　では自立と共生、生活の創造を目標に据えた家庭科はどうだろうか。
家庭科の基礎学問である家政学の源流にはアメリカ人であるエレン・スワ
ロー・リチャーズ（Ellen Swallow Richards, 1842-1911）の人間生態学
の理念がある。人間と環境の相互作用をマネジメントすることが基本で
あった。日本では、日本家政学会による『家政学将来構想 1984』におい
て、家政学を次のように定義している。

　　家政学は、家庭生活を中心とした人間生活における人と環境との相互作用
　について、人的・物的両面から、自然・社会・人文の諸科学を基礎として研

究し、生活の向上とともに人類の福祉に貢献する<u>実践的総合科学</u>である。
（下線部筆者）

　このように家政学はエレン・リチャーズの「人と環境との相互作用」を総合的に捉えるという点で独自性があり、「実践的総合科学」なのである。自然科学と人文科学、社会科学を統合する学問であり、家をめぐるさまざまな流れを捉え直していく学問、つまりマスターサイエンスともいえる。例えば、人間の感情に働きかける家事、ケア、自然、つながりなど、経済学で見過ごされてきた、あるいは扱いきれていない分野を網羅している。見過ごされてきた人に気づき「共生」する教育の一つとして、家事やケアを体験し生活課題を考える家庭科が鍵となる。

　家庭科は戦後、家庭の民主化を目指し男女共学でスタートした。「家事科・裁縫科の合科ではない」「女子教科ではない」「技能教科ではない」という「三否定」がなされたといわれる[32]。しかし、国家再建、高度経済成長を目指す国や企業、社会全体の機運の中で、中学・高等学校では女子の必修科目となった時期があり、生活的自立を目指し、性別役割分業が隠れたカリキュラム（Hidden curriculum）になっていた。その後、1974 年に発足した「家庭科の男女共修をすすめる会」[33] の活動や、1979 年国連で「女性差別撤廃条約」が採択されたことを受けて、日本では女子差別撤廃条約批准に向けた動きの一つとして、1989 年改訂では 1993 年より中学校「技術・家庭」履修領域に男女による差を設けなくなり、1994 年高等学校では「家庭科」男女必履修が実施された。戦後家庭の民主化を謳った原点に立ち戻り、加えてジェンダー平等視点を取り入れたものになった。

　1989 年国連「子どもの権利条約」が採択され、日本では 1994 年に批准された。2000 年「児童虐待防止法」が制定され、一方で介護保険制度が開始され、家庭に閉じていたケアが社会化され始めたこともあり、2000 年代以降の家庭科教科書には「共生」の文言がみられるようになった。現在小学校から高等学校まで、男女共修である家庭科では環境と人間との関係性の中で生活に関わることを多方面から学び、自立、共生、生活を創造して

いくことを学び、自分らしく最適な生活をつくる生活者の育成をめざしている。

　近年、経済効率優先社会に疑問を呈する人びとが現れた。例えば、カトリーン・マルサル（Katrine Marçal, 1983-）は自己利益に基づき行動すれば市場が回るとした古典経済学の父アダム・スミスを皮肉り、誰がアダム・スミスの夕食を作ったのかと問い質した[34]。改めて家事や育児などケアの価値を直視させるものであった。今まで生活に関わるさまざまなことは価値のないものと蔑（さげす）まれていなかっただろうか。ケアは生きる礎（いしずえ）であり尊いことであるが、同時に負担や葛藤も抱え両義性があり、その矛盾や課題に気づくことが社会に働きかけ新たな方策を生み出す力になりえるのではないだろうか。

　2019年末からの新型コロナウイルス感染症の世界的広がりは、以前から潜在的にあったDVや児童虐待、貧困、格差、差別などを改めて浮き彫りにした。ともに生きるという「共生」のための教育の必要性は顕著で、今こそ家庭科を学校教育や学校外[35]でも中心に据えて、当事者性の高い生活という観点からふれ合い、聴き合い、対話し合い、せめぎ合い、ほどきつつ拾い合い、ケアし合い、認め合い、考え、体験し、共鳴・共振・共感する授業から次世代の新たな価値を創造していかなければならないだろう。そこでは多様性に潜む不平等や格差に鑑（かんが）み、一方的に教師が生徒に価値観を押しつけ講義する授業ではなく、生徒と教師がともに学ぶ授業を展開させていく必要がある。「共生」のための教育は端的に言えば、生きること、生活することを考える人間教育を実践することではないだろうか。

6　アドボカシーが活きる社会

　アドボカシー（Advocacy）という言葉を聞いたことがあるだろうか。アドボカシーは特定の対象者（集団）のために既存の、そして今後の政策や実践を変える目的を持つ活動である[36]。障害者や子ども、人種差別、LGBTQ/SOGIなどの差別解消と権利主張のためにある。アドボカシーの形態

には、当事者自身が権利や必要な支援を認識し、声を上げて権利を守るために周りにも理解を求め支援を求めていくセルフアドボカシーと、介護・福祉現場で行われる個人の代弁行為であるケースアドボカシー、集団やコミュニティを対象にした非営利団体の活動などのクラスアドボカシー、同じ悩みを抱える仲間同士でニーズを主張するピアアドボカシー、市民運動に代表される市民が主体となって行うシチズンアドボカシー、弁護士などが権利援護を行うリーガルアドボカシーがある。大きくは、権利の主体が中心になって単独または集団で訴えるものと、保護者、ソーシャルワーカー、弁護士など第三者が本人の意見や権利を代弁するものがある。前者は例えばネルソン・マンデラによるアパルトヘイトの撤廃運動や、同性婚制度獲得に向けた運動などである。子どもの権利条約第12条や児童福祉法第2条に「意見表明の権利」が保障され、子どものセルフアドボカシーの根拠にもなる。後者は、例えば子ども本人の意見が聴かれずに決定されることを阻止し、子どもの思いを伝え対処を求めるものである。

　日本の子どもたちは周りの目を気にして、よく言えば協調性が高いが、同調圧力も強く、なかなか自分の思いを率直に伝えることができにくい環境にある。それは、子どもに限らず大人もまた同様といえるだろうが…。だからこそ、自分の権利に気づき自分の気持ちを率直に伝え実践・社会に参画できるようにするために、セルフアドボカシー・スキルの向上と、セルフアドボカシーを支援する人や環境の醸成が求められる。

　セルフアドボカシー・ピアアドボカシー育成にはSTPDサイクル（See 見る・Think 考える・Plan 計画する・Do 実行する）を援用して、まずは、ケアや権利について客観的に理解したうえで自分を見つめ自分の課題を見つけ出す。次に、社会状況を含めた現状を教師や生徒間、あるいは地域コミュニティの人びとと対話しながら判断して、自分が求めるものを考え計画を立て、共同で実行していくというカリキュラムが考えられる。教師や生徒だけではなくコミュニティ内の福祉関係の専門家、医療関係の専門家、NPO法人の方、弁護士など、自分が最適な生活をしていくために必要なことを一緒に考える教育によりセルフアドボカシーが向上し、同時にセ

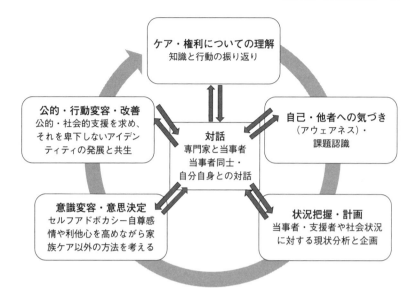

図2-5 セルフアドボカシー向上過程モデル
（筆者作成）

ルフアドボカシーが活きるコミュニティになるのではないだろうか（図
2-5）。ただし、あくまでもその土台になるのは信頼関係であり、語ること
ができる心理的安全性が確保されていることである。人間には信頼関係がな
ければ支援者であろうとも語らないし、アドバイスを受けてもそれを聞き
入れられない。

　つまり、セルフアドボカシーが活きる社会には教師・専門家・生徒・児
童などコミュニティすべての人の信頼関係とケアし合う関係性が必要で、
ともに社会を創っていくという意識が肝要である。

（齋藤美重子）

引用・参考文献

1)　川村学園女子大学研究奨励助成事業「ケアに対する世間体意識の研究」の一環として、2022年1月、リサーチ専門機関マイボイスコム株式会社に依頼し、20歳以上3,000人（男1,500人、女1,500人）を対象にwebアンケート調査を実施した結果の一部である。川村学園女子大学研究倫理委員会の承認を受けている。

2)　E.O.ウィルソン著　小林由香利訳『人の社会の起源は動物たちが知っている —「利他心」の進化論 —』NHK出版　2020

3)　小学館『日本大百科全書（ニッポニカ）』では生物間の関係性を示している。石川統『共生と進化 — 生体学的進化論』培風館　1988　川那部浩哉『生物界における共生と多様性』人文書院　1996　これらを参照した。

4)　『岩波講座現代の教育第5巻共生の教育』岩波書店　1998の茂木俊彦「ノーマライゼーションと障害児の教育」pp.29-36.

5)　ヨハン・ガルトゥング著　藤田明史 編集・訳『ガルトゥング平和学の基礎』法律文化社　2019の「2 暴力、平和、平和研究（1969年）」

6)　イヴァン・イリイチ著　渡辺京二・渡辺梨佐訳『コンヴィヴィアリティのための道具』ちくま学芸文庫　2015　pp39-69.

7)　キャロル・ギリガン著　岩男寿美子訳『もうひとつの声 — 男女の道徳観のちがいと女性のアイデンティティ』川島書店　1986。エヴァ・フェダー・キテイ著　岡野八代・牟田和恵訳『愛の労働あるいは依存とケアの正義論』白澤社　2010。ファビエンヌ・ブルジェール著　原山哲・山下りえ子訳『ケアの倫理 — ネオリベラリズムへの反論』白水社　2014。ギリガンは権利の優先順位をつけ解決されるべきだとした正義の倫理に対し、葛藤状態にある複数の責任と配慮、人間関係を重視し、物語的な思考によって問題に接近し、誰も置き去りにしない決定を道徳的に優位とした。川本隆史編『ケアの社会倫理学』有斐閣選書　2005で日本では川本隆史が前述したギリガンの考えを「ケアの倫理」として広めた。ジョアン・C・トロント著　岡野八代訳／著『ケアするのは誰か？ — 新しい民主主義のかたちへ』白澤社　2020で岡野八代はジョアン・トロントを引いて「ケアの倫理」から民主主義の再生を唱えた。

8)　ファビエンヌ・ブルジェール著　原山哲・山下りえ子訳『ケアの倫理 — ネオリベラリズムへの反論』白水社　2014

9)　前掲注3)

10)　福岡伸一・伊藤亜紗・藤原辰史『ポストコロナの生命哲学』集英社　2021　pp.22-47、p.149.

11)　花崎皋平『生きる場の哲学』岩波書店1981。花崎皋平『〈共生〉への触発 — 脱植民地・多文化・倫理をめぐって』みすず書房　2002　pp.128-132.

12)　岡本智周・田中統治編著『共生と希望の教育学』筑波大学出版会　2011の平田論治

「忘れられた「共生」の語り —〈植民地帝国日本〉というミッシング・リンク」pp.42-55.

13)　戴エイカ「「多文化共生」とその可能性」大阪市立大学人権問題研究会　人権問題研究（3）　2003　pp.41-52.

14)　前掲注 10)

15)　岡本智周・田中統治編著『共生と希望の教育学』筑波大学出版会　2011 の岡本智周「個人化社会で要請される〈共に生きる力〉」『共生と希望の教育学』pp.33-36.

16)　厚生労働省 HP「地域共生社会のポータルサイト」
　　https://www.mhlw.go.jp/kyouseisyakaiportal/（最終閲覧日：2022.4.9）

17)　熊谷晋一郎『リハビリの夜』医学書院　2009　pp.74-75.

18)　アーヴィング・ゴフマン著　中河伸俊・小島奈名子訳『日常生活における自己呈示』筑摩書房　2023。アーヴィング・ゴフマン著　石黒毅訳『スティグマの社会学 — 烙印を押されたアイデンティティ』せりか書房　2001 これらに詳しい。一般的に「自分とは何ものであるか」という問いに対して、「自分は自分である」という感覚をもつセルフ・アイデンティティは自我同一性とも訳される。E・H エリクソン著　西平直・中島由恵訳『アイデンティティとライフサイクル』誠信書房　2011

19)　エイミー・C・エドモンドソン著　野津智子訳　村瀬俊朗解説『恐れのない組織 —「心理的安全性」が学習・イノベーション・成長をもたらす』英治出版　2021。組織の成長には率直に考えを述べることができる「心理的安全性」が必要であることを明らかにしている。

20)　齋藤美重子「家庭科における自立概念の変遷と高校生の自立に対する意識」『川村学園女子大学研究紀要』第 31 巻第 2 号　2020　pp.13-32 このほか、研究論文から自立概念を変遷を辿ったものとして以下の論文がある。土岐圭佑「家庭科研究における自立概念の変遷と課題」『日本家政学会誌』69（4）　2018　pp.239-255　齋藤美重子「家庭科教育の課題と可能性 — 学習指導要領および自立概念の変遷をもとに — 」『麻布中学校・高等学校紀要』第 7 号　2019　pp.23-46.

21)　GOV. UK（2018）, A connected society – A strategy for tackling loneliness, https://assets.publishing.service.gov.uk/government/uploads/system/uploads/attachment_data/file/936725/6.4882_DCMS_Loneliness_Strategy_web_Update_V2.pdf（最終閲覧日：2023.8.23）

22)　内閣官房孤独・孤立対策担当室「孤独・孤立の実態調査令和 4 年」https://www.cas.go.jp/jp/seisaku/kodoku_koritsu_taisaku/zittai_tyosa/r4_zenkoku_tyosa/tyosakekka_gaiyo.pdf（最終閲覧日：2024.1.19）

23)　マシュー・サイド著　株式会社トランネット訳『多様性の科学』ディスカヴァー・トゥエンティワン 2021。荒金雅子『ダイバーシティ＆インクルージョン経営 — これからの経営戦略と働き方』日本規格協会　2020　これらに詳しく記述されている。

24)　伊藤亜紗『手の倫理』講談社　2020　p.48.

25)　湯浅誠「配慮し合う「ちょうどいい所」探そう」朝日新聞デジタル　朝日教育会議　2019

26)　佐藤真弓・齋藤美重子編著『自然と社会と心の人間学』一藝社　2020　の齋藤美重子「共生社会を生きるとは？」pp.86-94.

27)　1994 年に開催された「特別なニーズ教育に関する世界会議」では「万人のための教育（Education for All）」の実現をめざし、インクルーシブな学校を提唱した。「特別な教育的ニーズ」をもつ子どもは幅広く想定され、2005 年ユネスコによるガイドラインでは被虐待児や児童労働をしている子ども、移民、難民なども含まれた。

28)　アントネッロ・ムーラ 著　大内進監訳・大内紀彦訳『イタリアのフルインクルーシブ教育 —— 障害児の学校を無くした教育の歴史・課題・理念』明石書店　2022

29)　国立特別支援教育総合研究所「共生社会とは」
　　https://www.nise.go.jp/nc/inclusive_center/kyosya（最終閲覧日：2022.4.9）

30)　佐伯胖・藤田英典・佐藤学編『シリーズ学びと文化④　共生する社会』東京大学出版会　1995

31)　佐伯胖・藤田英典・佐藤学編『シリーズ学びと文化①　学びへの誘い』東京大学出版会　1995 の佐藤学「学びの対話的実践へ」pp.49-91.

32)　堀内かおる編『生活をデザインする家庭科教育』世界思想社　2020 の堀内かおる「家庭科の歴史を振り返る —— ジェンダーと教育」pp.15-30.

33)　市川房江や、高校教師、マスコミで働く 13 人が発起人となる。敗戦後の民主教育では男女共学だった家庭科が、高度経済成長路線で変質する中、教育・環境・女性問題の視点からこれに異議を唱えた。暮らしをいとおしみ、生活を大切にする教育を、男女ともに必修で学ぶ教育制度を確立するために、同会は市民運動を展開し、全国的な広がりをみせた。

34)　カトリーン・マルサル著　高橋璃子訳『アダム・スミスの夕食を作ったのは誰か？ —— これからの経済と女性の話』河出書房新社　2021

35)　2016 年 12 月義務教育の段階における普通教育に相当する教育の機会の確保等に関する法律（教育機会確保法）が成立し、フリースクールや教育支援センター、不登校特例校など学校外の学習活動についても教育の機会と位置づけられた。2017 年 3 月には小学校および中学校の学習指導要領が改訂され、「不登校児童（生徒）への配慮」の記載がなされた。

36)　Mark Ezell, *Advocacy in the Human Services* Brooks/Cole Pub Co; Deluxe Education 2000 堀正嗣『子どもアドボケイト養成講座 —— 子どもの声を聴き権利を守るために』明石書店　2020　堀正嗣『子どもの心の声を聴く —— 子どもアドボカシー入門』岩波書店 2020　これらを参考にした。

海を越えて出会った友だちと共に歩む

特定非営利活動法人 APLA　野川未央

　「支援が先にあるんじゃない。まずは現地の人と友だちになる努力をすること。友だちとしてどのように共に歩んでいけるかを考えれば、おのずと答えが見えてくるはずだから―」。これは、大学卒業後に一年弱勤めた企業を辞めてNGO の世界に飛び込むことを決めた時に恩師がかけてくれた言葉で、その時から現在に至るまで、常に灯台のように私を導いてきてくれました。

　現在、私が働く NPO 法人 APLA は、1980 年代にフィリピンのネグロスという島で起こった飢餓の救援をきっかけとした市民運動「日本ネグロス・キャンペーン委員会」から発展して発足した団体です。サトウキビの単一栽培と砂糖の製造が島の基幹産業であったネグロス島において、代々「地主の土地に生えるものは、草一本手をつけるな」と叩き込まれて仕事をしてきた農園労働者が、自己決定権を持って自らの農業を営むことのできる農民になる。そのプロセスを共に模索し、さまざまな支援を実施してきた経験（その中には多くの失敗も含む）を持つ団体が、そのネグロスでの経験を他のアジアの地域の人びととも共有し、学び合い、共により良い社会をめざしていこうと 2008 年に再スタートを切りました。私自身は、そのタイミングで、インドネシアと東ティモールという、APLA としては新しくつながることになる地域の担当として団体に関わることになったのです。

　そんな新米スタッフの最初の任務は、東ティモールで APLA が活動する必要性が高い地域を探し、協同する人びとと出会うことでした。そのために、東ティモール現地の関係団体の協力を得て、それぞれ風土が異なる 5 つほどの農村に合計で 2 か月ほど滞在し、人びとの暮らしを参与観察させてもらいました。ホームステイ先のご家族や地域の人びととのコミュニケーションには、インドネシア語を使っていましたが、東ティモールの人にとって、インドネシア語は軍事侵攻され、支配を受けていた四半世紀の間、強制されていた言語です。2002 年の主権回復（独立）から 8 年も経ってやってきて、その言葉を使ってコミュニケーションを取ることに対して、申し訳なさを感じて最初にお話をする時には必ずお詫びから始めていました。すると「謝らなくて大丈夫。これまで自分たちが出会った外国人は、英語かポルトガル語しか話せなかった。あなたは、私たちがわかる言葉で直接話をしてくれて嬉しいよ」と言ってくれた村の

人たちがいたのです。一日でも早くテトゥン語を習得して、この人たちの「友だち」になれるように努力しようと決意したのはその時でした。

　それから COVID-19 のパンデミック前の 2020 年初頭まで、10 年にわたってコーヒー産地のいくつかの村に通い続けてきました。外国に輸出するためのコーヒーだけではなく、自分たちの生命を支える多様な作物を栽培するその基盤となる地域環境を守っていく、次世代を担う若者・子どもたちに学びの機会を創る、それらの取り組みを応援することに決め、さまざまな試行錯誤を続けてきています。軌道に乗ったこともうまく続かなかったこともそれぞれですが、重要なのは、村の人びと自身が自分たちの生きる地域をどうしていきたいのかということ。最初に訪問した際に、生まれたばかりの赤ちゃんだった子どもが小学生に、裸足で駆け回っていた子どもたちが立派な青年に成長していくのを「友だち」というよりは、もはや親戚のおばさんのような気持ちで見守りながら、現地の仲間たちと活動を続けてきています。

収入の多様化のために淡水魚の養殖に挑戦する東ティモールのコーヒー生産者たち

東ティモールのコーヒー生産者の女性たちと野川未央さん（中央）

フィリピン、東ティモール、ラオスの若手農民の交流プログラムの一コマ

第**3**章
生活とは何か

1 「生命」とは何か

　本章では、家政学や家庭科における主要テーマである「生きること」「生活すること」について考察していくが、ここではまず、それらの大前提となる「生命」について考えてみたい。

　「生命」とは何か。生命とは、例えば人間の身体で考えれば、DNA を含む細胞でつくられたさまざまな器官から構成されるもの、またあるいは、栄養を取り込み消化・吸収・代謝作用を経て身体やエネルギーを作るものなど、構造やその機能など構成要素で説明されることが多い。つまり、生命とは自己複製可能なミクロなパーツから成り立っている一種の分子機械である[1]ということになる。しかし、人間の身体を例にとれば、その身体では絶え間ない合成と分解が繰り返されており、1年も経てばその人は物質的にはすっかり別人になっており、すなわち、物質自体は入れ替わりそこに残っているのは"記憶"しかない[2]という。つまり、生命とは何らかの意味をもつ物質から作り上げられるもの、というだけでは説明がつかない。

　福岡（2009）は生命を合成と分解、エントロピーを捨てながら時間に沿ってある種のサイクルを回す、生命（体）が時間の中を航行していく姿を「動的平衡」[3]の概念で捉えた。原子物理学者 E. シュレーディンガー（1887-1961）は、宇宙に存在するすべてのものはエントロピーという乱雑

さ、無秩序さが増大する方向に進むが、生物体は「負のエントロピー」を食べることで、秩序だて、規則正しくしようとする方向に向かうとした。中原（1948）は分裂と統一が無限に連鎖するところに生命の本質があると説いた。これら諸説に共通するのは、生命を動的な存在に捉えようとしているところにあるといえるだろう。

2 「生きること」と「生活すること」

「生きる」と「生活する」は同じことなのか、それとも違うのだろうか。

黒川（1957）は、生活とは、物質から始まり、生命、生存を経て生活へと4段階に発達・変化するという位層的発達段階説を論じた。田辺（1971）は、生活とは、生物体が生命をもち（生きている）、生き続け（生存）、それ自身が意識をもって生きるためのなんらかの活動をしている状態（生活）であり、生命を維持し、生存を全うする諸々の営みであるとした。これらの主張より「生命がある」「生きる」の土台の上に「生活する」がある、すなわち、「生活する」がより高次の段階にあるものとして考えられる。

一方、中原（1948）は、生命とはその個体（生きている主体）の生きるための働き（営み）によって存続するという営み論を展開した。営みとは人間のみならず、すべて生けるものは皆なんらかの営みをもっており、呼吸、歩行・飛翔・遊泳、採集・捕獲・栽培・飼育、食べる、着る、眠る、育てる…など、生きるために必要な活動すべてを指し、生は営みによって維持され安定し永続できるとした。人間の働きのすべては、生命の担い手である現実の一人ひとりの人間の生命維持の働き＝営みとして考えると、「生きる」を呼吸や消化・吸収・代謝のように生理的身体的なものと限定せずに、私たちが、食べたり、着たり、住んだり、勉強したり、遊んだり、仕事をしたり、そしてさまざまなことを経験したり、考えたりすることすべてを指すと捉えることができる。本章においては、「生きる」と「生活する」は同じことと捉え、「生きる」と「生活する」を異なるものと区別しない立場で話を進めていくこととする。

3　生活とは何か ── 家政学視点から

　生活とは何か。生活は英語では Life であるが、Life には生命、命、生きていること、生物、生き物、人生、一生、生涯、寿命、生活、暮らし、生き方、活気、生気、元気、活力源など幾種類もの意味がある。ライフスタイル（生活様式）、ライフワーク（一生の仕事）、ライフデザイン（生活設計）などライフを使った言葉もみられる。

　一般に、生活というと衣食住という言葉で表されることが多い。人間生活における衣食住は、自らの生命を維持するために欠かせない重要かつ基本的なことである。

　ここで、家庭科の基盤学問である家政学における衣食住の捉え方をみてみよう。ここに、布、木の実、コンクリート製の大きな器があるとする。われわれ人間が、その布を「着る」、その木の実を「食べる」、その器に「住む」という働きかけをすることにより、布、木の実、器はそこにあるただのモノから、衣服、食物、住居と呼ばれるものになる。そして私たちは「おしゃれだな」「おいしいな」「安全だな」などと感じたりする。そこには、私たち生きる人間と、布、木の実、器などさまざまなモノ（環境）との相互作用が生み出され、それこそが「生活」として捉えられるのである。そして、人間の生活を成り立たせている環境との関わり合い方は数えきれないほどあるが、生活全般を、「着る」視点からまとめたものを衣生活、「食べる」視点からまとめたものを食生活、「住む」視点からまとめたものを住生活ということができる。あるいはこんな捉え方もできるだろう。「着る」ことによって人間の外部を直接覆うものが衣、「食べる」ことによって人間の内部に入ってしまうのが食、「住む」ことによって少し離れたところで人間の外部を覆うのが住と考えると、衣食住は人間からの距離が違うだけの、人間の生を支えてくれている同じ生活であるとも考えられるのである。

　では、人間と相互作用し、生活を成り立たせている環境についてどの

ように考えればよいのだろうか。私たち人間は、まずは自分の生命を維持するために、自分自身の身体という自然環境をうまく機能させながら生活を営んでいる。そして、その大前提の上で生活とは、暑さや寒さ、空気や水や日光などの自然環境との関わりや、家族や友人、学校や職場などの人的（社会的）関わりの中で成立している。またさらに信仰や絵画、文学や音楽の世界といった精神と関わりながらわれわれは生活しているのも事実である。これらのことから、人間と相互作用し、生活を成り立たせている環境を、自然環境、社会的環境、精神的環境という3つの枠組みとして捉えてみることもできる。次節より、衣・食・住生活それぞれについて、自然、社会、精神的環境との関わりから生活の意義を考えていきたい。

4　人はなぜ着るのか ─ 衣服がもつ意味・衣生活の意義

　毛や羽という天然の服を常に着ている動物とは違い、人間は自らの意志で、服[4]を選択し、着ることができる。そして服は、いつでもどこでも着ている人間の体の一部として人目にさらされている。原始の人類は獣と同じように毛で体を保護していた。森林の樹上生活からサバンナに降り立った初期猿人は、暑熱環境に適応するために全身で発汗するようになり、その効率を上げるために体毛を減らした。毛が抜け落ち、いわば裸の状態になった人間がなぜ服を着るようになったのだろうか。まず、防寒、防暑といった気候への適応や生体を保護する「身体保護説」[5]、また、呪術的意味をもつお守りとしての「呪術・護符説」[6]、鳥の羽や貝殻、木の葉、動物の骨や毛などを身に付け身体を飾り、異性をひきつけ自分を美しく見せたいとする装飾衝動、虚栄心を増長させること、威信を示すこと、自身の地位や氏族の成員であることを表示すること、敵を威嚇することといった「装飾説」が挙げられる。人間は初期人類の頃から家族や仲間などコミュニティを作って人間との関わりの中で生活しているため、周囲の人に受け入れられたい、美しい自分、強い自分を表現したいという「装飾説」「呪術・護符説」は有力な着衣動機であると考えられる。その他、恥ずかしいとい

う感情から裸体、特に陰部を隠ぺいするための「羞恥説」や、物を運ぶための紐衣説を主流とする「携帯説」もあるが、いずれも根源的な着衣動機として捉えることは難しい。

　では、現代における衣生活の機能的役割は何か。自然環境への適応としては、防寒、防暑、防雨などの体温調節や外部からの物理的・化学的危害から身体を護る身体保護、作業やスポーツなど身体の動きに適合させる、汗や皮脂を吸収させて清潔に保つ衛生保持など生理的機能が挙げられる。社会的環境への適応は、個性の表現、他人の注意を引くなどの装飾審美、所属や職業を示す標識類別、冠婚葬祭のように礼儀を正しくする道徳儀礼、演劇用衣装といった扮装擬態などの機能が考えられる。そして、服を身に着けることにより、着心地の良さや落ち着き感、爽やかさ、楽しさ、嬉しさ、窮屈さ、悲しさ、気分の高揚、鎮静、落胆など精神環境へも深く関わっていく。

　神山（1996）は、服の自己の確認・強化・変容、情報伝達、社会的な相互作用の促進・抑制という 3 つの機能を挙げた。山口（2009）はボディランゲージ、沈黙の言葉、衣服の言語などの表現が使われるように、服の機能を情報伝達手段の一つとしてノンバーバル（非言語）コミュニケーションという言葉で捉えた。

　多種多様な服が生産され大量に廉価に販売され（ファストファッション）、それらを購入することで、家のクローゼットにはあふれんばかりの服が収まり、死蔵衣料いわゆる「タンスの肥やし」になっている場合も多い。衣生活におけるこのような人間の欲求と行動は、マズローの欲求階層理論に照らし合わせて理解する[7]ことができるが、ここでの最高次の自己実現の欲求とは、資源、環境問題も考え、社会との調和を考えながら主体的な自己表現をしたいと願うこと（近藤、2009）であろう。私たちは、地球全体を視野に入れ、資源、環境問題を自らの問題として受け止めつつ、自分らしい最適な衣生活を創造していくことが求められる。

5　人はなぜ食べるのか ― 食べる意味・食生活の意義

　食は生命(いのち)の源といわれる。食べるという欲求は生命維持にとって最も基本的な欲求であり、衣食住の中でも食は、人間が生きる上で最も根源的で重要な意味を持つものとして捉えられる。

　人はなぜ食べるのか。食べる理由としてまずは、お腹がすくから、のどが渇くからという本能的生理的欲求を満たすこと、すなわち“生きるための食”が考えられる。栄養成分を身体に摂りこみ、消化・吸収・代謝という体内の働きによって成長や活動に必要なエネルギーや成分を作り出し、生命の維持、身体の成長や健康の増進をはかっている。

　次に、食べておいしいと感じたり、精神的満足感を得たりする精神的意義、すなわち、楽しみのための食が挙げられる。人間はおいしい食物、珍しい食物、高価な食物を味わってみたいという欲求を持ち、それらを食べることで、味覚や嗜好(しこう)を満足させ、精神的豊かさ[8]を得る。

　さらに、家族や友人と、あるいは大勢で同じ食卓を囲み、コミュニケーションを図るという社会的意義が考えられる。家族団欒(だんらん)、友人とのパーティや、懇親会や忘年会など、私たちは集い一緒に食べながら会話を弾ませている。知らない人と親しくなりたいときには「一緒にお茶（食事）でもしませんか」と誘ってみたりする。ここでいうお茶[9]や食事の意味は、その飲食物がおいしい、栄養を補給したいなどという理由とは明らかに異なり、食を手段として相手と話がしたい、人間関係を作りたいということにある。

　食が人間関係をつくることは、共食（一緒に食べる）という行動が人間の社会と家族の成立をもたらす（山極、1994）との説からもわかる。山極によれば、アフリカの類人猿にみられる食物の分配行動（劣位の猿がねだり、優位の猿が与える行動。これによって相互の社会関係の確認・調整が行われる）が親睦を深めるための交渉として発展し、人類の「一緒に食べる食事という社会交渉」を生み出した。そしてこれが異性間で性的行動を

伴うようになり、食と性に関わる文化が生まれ家族を成立させたとしている。

　そのほかに、食べる理由として伝統食、郷土食、行事食などにみられる食文化の継承、創造という意味での文化的意義、また、家族や友人、学校給食など自然や社会との関わりの中での日々の食事が、生涯教育の場となる教育的意義も挙げられるだろう。

　現代社会のように、いつでもどこでも入手可能な商品となった"食"は、生命を維持し生きるための食という機能は縮小してきたようにもみえる。しかし貧困、格差により見えない飢餓は確実に進行している。そして食べるということに関して、自由だが不安定な時代に突入したともいえる。社会生活における緊張やストレス、溢れる健康情報に振り回され、さまざまな心の不安が偏食、過食、拒食などといった偏った食行動へとつながる現状にある。孤食の増加、朝食の欠食、家族団欒の減少、栄養バランスの偏り、生活習慣病の増加などが指摘され、食べる力を養うことを目的として、2004（平 17）年に食育基本法が制定された。

　しかし、食の栄養・健康面の解決に重点を置くだけでなく、食の社会性、精神性に関わる課題解決に取り組むことこそ今後は必要になるだろう。藤原（2020）は、現代社会を意味のないこと、目的がないことを許容しない社会だとし、ひとりぼっちの孤食でもなく、一家団欒を強制される共食でもなく、緩やかな関係性の中で強い目的を持たず（食の弱目的性）食事をする「縁食」を提案している。これらからの"食"はどうあるべきか、人間として最も重要で根源的な欲求である「生きる」ことを可能にし、その人の人生を楽しく豊かにする食とは何か、食の在り方の再考が必要な時がきている。

6 人はなぜ住むのか ─ 住まいがもつ意味・住生活の意義

　近代建築の巨匠の一人、フランスの建築家ル・コルビュジエ（1887-1965）は「住まいは生活の容器である」と言った。住まいは、そこに住む人間だけでなく、住む人間の生活を包む器である。ドイツの教育哲学者ボルノー（1903-1991）は「人間の本質は"住む"ことである」と言った。ただそこに"いる"存在なのではなく"住む"存在としての人間規定、そして人間を守り、人間に安心の空間や時間を与える家の被護性（Geborgenheit）を説いた。関口（1977）は、人間は守られるべき弱い存在[10]であるとし家政学における人間守護論を展開した。関口は「うち：守護の空間＝内部空間（休息と平和：帰る空間）」と「そと：不守護の空間＝外部空間（労働と仕事：行動する空間）」という相反する2つの空間を人間は「住む」ことにより行き来するが、この2つの空間の均衡が正しく保たれていることに人間生活の健全さがあり、そこに人間存在の確認ができるとした。

　住生活の機能的役割としては、まず、寒さ暑さを防ぎ、雨や風雪、温度、湿度、空気、光、音、においなどの外的な自然環境から身を護る機能、さらに、犯罪、危害、社会的ストレスなど社会的環境から身を護るというシェルターとしての役割、住まいの保護的機能が挙げられる。次に、家にいることでほっとできる、強固な壁に守られている、という物理的安心感、そして何より家という場にいることがその人の安心を生み出すという住まいの精神的機能も考えられる。また、住まいはさまざまな生活活動が行われる場を提供する。労働や勉強など社会的な制度に基づいて行われる作業的生活活動、食べる・眠る・着る・排せつなどの生理的生活活動、趣味や気分をリフレッシュするなど余暇的生活活動など諸々の生活がそこで営まれる。年長の世代から若い世代へ生活技術や生活財、精神などの文化の伝達や伝承がなされ、新しい文化を創造する場にもなる。

　そして、住まいは近隣の人びと、友人や親族との交流を生み出す場として地域交流の場ともなり、また一つひとつの家の集合体がその地域の住環

境社会を構成するという社会的機能も挙げられる。地域においては、自分の住まいは自分のものでありながら同時に他人のもの（住まいの外部性）でもあり、自分の住まいの姿は即その地域の環境に反映する。昨今の都市部における空き家問題の対策も急務である。

　住まいを拠点に自分らしい生活を自ら作り出し、自己実現をはかっていけるよう、今一度住生活に関わる諸課題について、自然、社会、精神的な側面から多角的に検討する必要があるだろう。多拠点の家を楽しむシステム、シェアハウス、コレクティブハウス、コーポラティブハウス、トレーラーハウスなどさまざまな住まいの形がでてきている。まるで人間が服を着て自己主張するのと同じように、変化を遂げている生活を反映すべく住まいが、人間の数だけの多様な主張をする日もそう遠くないかもしれない。

7　「生活」をよりよくするとは ─ 環境醸成科学としての家政学

　本節からは、家庭科教育の目的、内容などに含まれる諸概念について、基盤学問である家政学の視点より整理していく。まずは、家政学の学的性質を読み込んだ家政学の定義を紹介する。家政学は人類の福祉に貢献しようとする壮大な目的[11] を持つ。

> 　家政学は家庭生活を中心とした人間生活における人間と環境の相互作用について、人的・物的両面から、自然・社会・人文の諸科学を基盤として研究し、生活の向上とともに人類の福祉に貢献する実践的総合科学である。（日本家政学会編『家政学将来構想1984』光生館）

　この定義から、家政学は「人間と環境の相互作用」、すなわち、生活を研究対象としていること、また、相互作用だけでなく、人間そのもの、環境そのものの探究も家政学においては可能であると理解できる。さて、家政学が意識している環境とは、森、海など自然環境だけでなく、もっと幅広い環境である。アメリカ家政学の母と呼ばれるエレン・リチャーズ

(1842-1911) は、次に示すように、環境を人間社会を含む１つの総体、システムとして捉えた。

物的環境 食べるもの、着るもの、住まうもの、これらを調達するお金など近接環境

空気、水、土壌、音、地球、宇宙など遠接環境

社会的（人的）環境 夫婦、親子、家族、親類、近隣など近接環境

世界、国、社会、学校、企業、組合など遠接環境

　リチャーズは、人間は環境から影響を受けるだけでなく、自己実現を可能にするよう環境に働きかけ環境を醸成する [12] ことができる存在として人間を捉えた。そして、環境が醸成されれば、よりよい相互作用（＝生活）ができ、それは家政学、家庭科が目指す生活の向上、生活の創造を意味する。リチャーズは優生学、環境醸成科学の思想をもとに、環境調和的存在としての人間の発達を考慮し、生命への尊厳といのちとつながる環境への配慮を意味する環境教育を考えた。リチャーズは、生活を営み生きている有機体としての人間と環境が倫理的思考をもちながら、よりよい相互関係を生み出していくことを目的とする人間生態学（Human Ecology）としての家政学を志向したのである。

8　家庭生活、人間生活の同時的認識

　前節で示した家政学の定義より、家政学は「家庭生活を中心とした人間生活」を研究対象としていることもわかる。

　まず、家庭とは何か。一般に、家庭（Home）とは、個人や家族が生活する"場"として捉えられるが、家政学においては、場所だけでなく、そこで生活を営む個人や家族、家族関係、生活時間や生活資材、生活意識など、生活主体や構造・機能面を含めてすべてを複合的に内包するものとして捉えられる。すなわち、家庭とは、人間と環境が相互作用する様子に着目しつつ、人間そのもの、環境そのものをも含む、より包括的な概念であるため、家政学では、家庭とは家庭生活とほぼ同じ意味をもつと考えて差

し支えないだろう。

　人間生活とは、家庭生活以外の学校生活、職場生活など社会生活全般を含むと考えられ、また、家庭生活とは人間生活の中核をなすものと家政学は捉えている。われわれの認識方向として、サイズの小さい家庭生活をまずみて、その後に人間生活をみることは、狭めた視野を後で拡げるという困難を伴うため、最初から広い視野で人間生活を全体的に把握し、その後に家庭生活などの要素を分析的に捉える方がよいといえる。すなわちそれは、人間生活というものを視野に置き、その中で家庭と社会を同時的にみるということを意味している。

9　家政学、家庭科が考える「家族」とは

　家族とは何か。どこまでを自分の家族と捉えるかという意識（ファミリー・アイデンティティ）は、時代やその人の成育歴、家族歴などに左右され人それぞれで異なり、家族に対する思いは人それぞれであることなど、家族の共通理解は非常に難しい。それでも家族を客観的、科学的に理解しようと、家族の定義づけが家族社会学分野などで行われてきた。湯沢（1969）は、同一居住、同一生計の他に、家族に不可欠な要件として同一家族意識を挙げた。森岡ら（1983）は「家族とは、夫婦・親子、きょうだいなど少数の近親者を主要な成員とし、成員相互の深い感情的包絡で結ばれた、第一次的な福祉追求の集団である」とした。

　また、人類学や霊長類学においても、人間家族の成立や要件についての研究がみられる。440万年前から直立二足歩行を開始し、オス・メスの体格差がなく、犬歯の退化がみられるラミダス猿人の存在が確認され、家族の解明が一気に進んだ。オスはメスに気に入られるために二足歩行で空いた手を使って食料を運び（食料供給説）、そのメスと共同生活を始めたのが家族の起源とされる。

　山極（2012）は、チンパンジーなど類人猿の集団の論理は互酬性であるとした。しかもそれは血縁関係に限るが、一方で、人間の家族や親族では

見返りを求めない向社会性（共感、奉仕、自己犠牲、利他的行為など）であるとした。この人間らしい精神、規範は、人類が初期のころから「共食」「共同子育て」をすることによって育まれ、家族生活が向社会性をより強固にしたと考えた。田辺（1971）は個体維持（食）と種族維持（性）の生命維持機構を家庭は有するとした。佐倉（2013）は、初期猿人のころから家族は存在し定住生活をするなかで、家族による教育が脳の発達を促し人類の進化とつながったとした。言い換えれば、家族がいなければ人類進化はなく、私たちは存在しなかったことを意味している。

10 家政学における「消費者」とは誰を指すのか

消費者とは経済学では生産者の対義語と位置づけられるが、家政学においては消費者を個人や家族の生活を時間・空間的な側面で分断せず、また人間は身体的・情緒的存在であること、経済的・物的・社会心理的存在であることを分離しないで把握する、すなわちホリスティックな視点で捉えている（中森、2004）。消費者とは、環境と相互作用する生活を営む人間であり、消費者＝生活者と捉えられる。

すなわち、消費者問題とは、人間が自己実現を図るにふさわしい相互作用をしていない状態、日々の生涯にわたる生活の問題と捉えることができる。また、消費者教育とは、単なる買い物教育、金融教育ではなく、自己実現を可能にする自己および社会のライフスタイルを形成し、その実現に必要な環境を作り出す生活環境醸成能力を育成することと捉えられる。

11 家政学、家庭科において総合性を重視すること

人間の生活という幅広い大きな対象をみる際は、全体として捉える見方、総合的な捉え方をすることが重要になる。人間と環境の相互作用する姿を全体として総合的に捉える視点をもつことによって、初めて、全体と部分の関係性（家政学では例えば、生活と人間、生活と環境、人間と生活

の関係）もみえてくるのである。家政学では、人間と環境の関係性（相互作用）こそが一番知りたいところであり、人間だけ、環境だけに注目して分析的研究を進めすぎると両者の関係性はみえなくなってしまう。

　従来の近代科学では、一つひとつの要素に分けて解明しようとする、いわゆる分析的研究が盛んに行われてきた。科学は客観性、実証性、再現性などを重んじる性質を持つため、実験や観察、観測、調査などでデータ収集し、それらを客観的手法で分析して得られた研究結果、結論であれば誰もが納得できより科学的であると評価されてきたのである。分析的研究の進展は、科学をより専門化、細分化し、その分野の中だけで完結させてしまう傾向に陥らせてしまった[13)]。一方、総合的研究を行う場合は、それら知識群をどのようにまとめればよいか、まとめるべきかという人間の思惟や倫理観、哲学的思考などが必要になり、データや客観性だけでは研究は完結できないのは明らかである。

　これまでのように“科学的ではない”ものを排除して科学はこれからも専門化、細分化の方向に進むのか、それとも多種多様な研究を認め、それらで得られた知識を総合・包摂しながら、人間が幸せに生きるためにそれらをどう使っていけばよいのか、人間生活への統合を図るべく総合化していくのか、これからの科学の在り方を再考しなくてはいけない。

12　家政学、家庭科における実践性

　家政学において重要な研究態度は実践的態度である。そのことがわかる、そのものについて新しい発見があっただけではなく、目の前にある自分の研究が、最終的には人類の幸せな生活につながるものなのか、と自答しながら研究に臨む姿勢が求められる。家庭科では、実際の日常生活におけるさまざまな課題を解決する能力の育成を目指すため、課題を探し出し、取り組み挑戦し、それを解決するといった実践的・体験的な授業が行われている。知り得た知識を実際の生活に実践、応用していくことにより、生活の営みの理解、生きる態度や倫理観を育成することにつながる。

13 家政学、家庭科におけるケアの概念

　家庭科では周囲の人達と関わりをもつ人間環境、生命をもつ生きものや生活資源との共生を考える自然環境、生活習慣や伝統文化や異文化との共生を考える社会文化環境などに共通する「共生」を強調している。家政学は人間と環境の相互作用を考えるため、人間と環境（人間含む）が上手に関わり合う [14] ことがまさに共生の姿であるといえるだろう。

　本書でとりあげている「ケア」とはその中の人間と人間同士の関係に焦点を当てている。人間は弱く、一人では生きていけない存在であること、誰かに頼り支えてもらう必要があり、また逆に人を支えることにより自分を自覚するという人間同士の相互関係の中に生きている。すなわち、ケアとは介護、育児に限ったことではなく、人間同士の相互作用であり、われわれはケアされ、ケアしている人間なのである。

（佐藤真弓）

引用文献

1)　このように、いわば身体が分子機械のように仕掛けられているとする "機械論的生命観" が14〜16世紀ルネサンス期以降、現在までの主流である。遺伝子組み換え、クローン技術、ES 細胞、iPS 細胞、臓器移植などを可能にするのはこの生命観が根底にあるがゆえと考えられる（福岡伸一『生命と食』岩波書店　2008　pp.4-7.）。

2)　池田善昭・福岡伸一『福岡伸一、西田哲学を読む』小学館新書　2020　pp.6-7.

3)　この概念は日本を代表する哲学者西田幾多郎（1870-1945）の「絶対矛盾的自己同一」の概念と重なるという。生物はエントロピー増大の法則（分解）に抵抗するために、絶えず「先回り」して自らを分解し生きる今という時間を作り出していると考えられる。生命とは、分解と合成、酸化と還元、取り込みと放出という相矛盾する逆作用が同一に起こっていて、それは機械的でもなく、因果関係もなく、目的的でもなく、過去から未来へというアルゴリズム的作用でもなく、たった一回限りの絶対現在においてそのような状態を持つ。細胞が絶え間なく死に、自らを作り出す流れ（＝時間）の中に個体はあり、個体は絶え間なく交換される細胞によっておぼろげで輪郭（＝空間）をもった全体像としてあると考える（池田善昭・福岡伸一『福岡伸一、西田哲学を読む』小学館新書

2020　pp.198-205, 232-234.）。

4)　衣服は「体の体幹部、下肢、上肢を覆う服」、被服は「人体を覆う目的の着装物の総称」であり、衣服とかぶりものやはきもの、アクセサリーなども含む。本章では両方の意を含む「服」「衣服」としている。

5)　人間には身体の保全をはかろうとする基本的欲求があり、これから衣服、火、住居が始まったと機能主義論者マリノフスキー（1884 ～ 1942）は説いた。しかしその後の文化人類学研究により、南米南端フェゴ島（酷寒地）でほぼ裸体で生活している民族などの存在が明らかになり、むしろ人類は服を用いたために対気候性を退化させていると考えられ、意外にも身体保護説は第一義的な着衣動機ではないとされている。

6)　悪魔や疫病、飢餓などの恐怖から身を守るため、あるいは幸福を呼び込むために身体に彩色や入れ墨などを施す、腰に紐を結び付ける、勾玉を身に付けるなどの行為が、人体の装飾へと展開したとする説である。

7)　マズローの欲求段階理論における最低次の生理的欲求（例：防寒、防暑、防雨のために着る）から、安全の欲求（例：外的危害から身を護るために着る）、社会帰属と愛の欲求（制服を着る、理解されたい、受け入れられたい、仲間意識を持ちたい）、そして自我の欲求（自分らしい服を着て自己表現をしたい、他人から称賛されたい）へと進むにつれ、人間は多くの服を購入し、着用することになる。

8)　いわゆる "やけ食い"、"ストレス食い" など食べることによって精神的安定を図ろうとする行動もみられ、これらは負の精神的意義と捉えられる。

9)　「お茶を飲む」という行動は、話をする、休憩する、一服するの意味と同義に使われることもあり、習慣化された生活行動である。初期猿人がサバンナという暑熱環境に適応するために作り出した全身発汗機構の発汗能力はきわめて高く、文字通り "汗水流して働く" ことによって獲物を得ることができた。しかし、そのために奪われる水分と塩分を絶えず補給しなくてはならなかったため、人類は全動物中で最も水分を必要とし、しょっちゅう水やお茶を飲む動物になった（富田守・真家和生・針原伸二『学んでみると人類学はおもしろい』ベレ出版　2012 の真家和生「身体的特徴と家族、生活方式の成立機序」）。

10)　人間守護の基底にあるヴァルネラブルな存在としての人間の捉え方は本書が主張するケアの理論と重なる。

11)　家政学は大目的の下に、家庭生活の向上をはかること、人間を守護すること、個々の人間の欲求充足や自己実現をはかるという実践的な中間目的をもつ。さらにその下位には、家庭とは、生活とは、人間の本質とは、生活に必要な物資、食品、繊維、いす、台所、家などの基本的構造や機能はどのようなものかを解明したいという基礎的目的を同時に持ち、家政学の目的は多段階構造になっている。

12)　主体が環境に働きかけることは、チャールズ・ダーウィンによる進化論、すなわち、

環境からの生物への働きかけ（選択圧）に着目し、競争に勝ち、環境に適応できたものの
みが進化するという理論とは対抗する。今西錦司の棲み分け理論（生物同士が勝手
に調和をはかる）、ユクスキュルの「環世界」も、生物から環境を認識するという立場
に立つ（池田善昭・福岡伸一『福岡伸一、西田哲学を読む』小学館新書 2020 pp.99-
105.）。

13) 2011年東日本大震災の際に研究者から多く聞かれた「想定外」という言葉がある。
地震学、津波学、科学技術、工学などそれぞれの専門分野では分析的研究が活発になさ
れてきたとはいえ、専門分野の垣根を越えてそれら知識群をまとめあげ、生活にどう生
かすかという人間生活への統合がなかったといえる。本来想定できるはずのない自然を
想定することでしか発展し得ないものが科学技術である。

　科学技術偏重主義を受けて、中村桂子は「人間は生き物であり、自然の中にある」と
し、科学者も一人の人間であり、生活者であることを自覚することの必要性を説いた。
山極寿一は「スマホラマダーンによって、データから脱出せよ！」とし、人間の身体性
の自覚、意のままにならない自然とのやりとりこそ重要とした。岸本幸臣は「科学の生
活化」として、人間らしい倫理観や理性、謙虚さをもつ人間の生活こそがもっとも重要
であることを知ることの重要性を説いた（中村桂子『科学者が人間であること』岩波書
店 2013 山極寿一・小原克博『人類の起源、宗教の誕生』平凡社 2019 『家政学の
じかん』編集委員会編著『楽しもう家政学 ― あなたの生活に寄り添う身近な学問』開
隆堂 2017の岸本幸臣「序章 基 生活は万物の基礎である」）。

14) 上手な関わり合いの姿勢として参考になる理論を紹介する。経営学者であり参議院議
員をつとめた青木茂（1922-2016）は家庭生活において、物質と人間、人間と人間が豊
かに調和している姿（＝アート化）を追求すべきとした。青木は、AとBという2つの
対立軸がある時、A and Bのように合わさってしまうのではなく、A or Bのように対立
するのでもなく、A with Bのようにどちらもが少しずつ折れながら共にとし、「調和」
を with の概念で説明した。教育学者中間美砂子（1934-）による現象学理論にもとづく
「相互主観性（Inter Subjectivity）」、思想家柳宗悦（1889-1961）の「他民族への理解
（世界において一つを得んがためには二面が必要）」、保坂（2003）の「類比的共感的理
解（異なる宗教や文化の理解には自分と似ている点を見つけ出し共感すること）」は人
と人、人とモノとの調和をはかり、共存共生の社会を目指す上で参考になる。いずれの
理論も、自己と相手（または対象物）との比較において、「違っている」「異なる」点で
はなく、「似ている」「同じである」点に着目しないと完成されないことに気づく（保坂
幸博『日本の自然崇拝、西洋のアニミズム』新評論 2003）。

参考文献

藤原辰史『縁食論 ── 孤食と共食のあいだ』ミシマ社　2020

福岡伸一『動的平衡』木楽舎　2009

Kazuko Sumida Collected Works of ELLEN H.SWALLOW RICHARDS I Synapse 2007 の別冊
　解説「住田和子 エレン・リチャーズの人と思想 ── 生涯と著作」

黒川喜太郎『新版 家政学原論』光生館　1957

松岡明子編『家政学の未来』有斐閣アカデミア　2004 の中森千佳子「アメリカ家政学と
　消費者科学」

森岡清美・森岡嵩『新しい家族社会学』培風館　1983

中原賢次『家政学原論』世界社　1948

中島義明・神山進編『まとう ── 被服行動の心理学』朝倉書店　1996 の神山進「装う ──
　被服による装飾・整容・変身行動」

お茶の水ヒューマンライフシステム研究会編『家族と生活』創成社　2013 の佐倉朔「家
　族の概念と定義－人間界から動物界への拡張」

佐藤真弓『生活と家族 ── 家政学からの学び』一藝社　2016

関口富左『家政哲学』家政教育社　1977

関口富左『人間守護の家政学』家政教育社　1999

シュレーディンガー著 岡小天・鎮目恭夫訳『生命とは何か ── 物理的にみた生細胞』岩波
　書店　2008

田辺義一『家政学総論』光生館　1971

山極寿一『家族の起源 ── 父性の登場』東京大学出版会　1994

山極寿一『家族進化論』東京大学出版会　2012

山口恵子・斉藤秀子・呑山委佐子編『衣生活 ── そのなぜに答える』おうふう　2009　の
　近藤恵「装うことの意味」

山口恵子・斉藤秀子・呑山委佐子編『衣生活 ── そのなぜに答える』おうふう　2009　の
　山口恵子「現代社会において、人はなぜ服を着る」

ユクスキュル／クリサート『生物から見た世界』岩波文庫　2005

湯沢雍彦『お茶の水女子大学家政学講座第 15 巻家族関係学』光生館　1969

第2部　家庭科編
— 生活者の哲学として —

「自分らしく最適な生活」に対する答えは？

正解は一つではないし、それぞれが思う最適な生活は違うし、違ってよい。

生活していくうちに思っていた正解と違うかもしれない。課題が出てきたときに答えが出ないこともある。そのために時に辛く、悩み、身動きができなくなる。一方で何らかのきっかけ — 例えば、人との対話、情報、制度、組織との出会い、成功体験 — を通して、楽しく喜びや充実感を味わうこともできる。生活するとは何と哲学的なことか。

ここからは大学生や高校生の思いを中心に展開する。第4章では川村学園女子大学の学生が日頃の疑問を出し合い、学生が自分の気持ちを踏まえ質問に答え、さらに大学教員がそれに応答する形式とした。

第5章では、ヤングケアラーのための企画実践授業カリキュラムを通して考えたことや想いを麻布高等学校の生徒に語ってもらった。彼らの言葉からは生活者の哲学と呼べるものが感じられる。時に悩み黙考し対話を重ねるその姿は生活哲学者であった。

そして最後の第6章には学生が考案した一人暮らしの時短簡単レシピを掲載した。ぜひ実践してもらえれば幸いである。

（齋藤美重子）

（イラスト　村本ひろみ）

第4章

大学生の声から考える学び直しの家庭科

はじめに　家庭科教育の目標と学び方

（1）　家庭科教育の目標

　家政学の目的が生活の本質を探ることに対応し、家庭科教育の目標は「自立」と「共生」と「生活の創造」を目指した自分らしく最適な生活者の育成といえる（図4-1）。家庭科教育は自然科学も社会科学も総合的に考察するマスターサイエンスであり、生活に焦点をあてている。人間の感情に働きかけるケア ─ 人間・つながり・衣食住・自然・社会環境など ─ について学ぶ中で、本当に豊かな社会とは何かを考えていくのである。

　しかし、「自分らしく」とか"Be yourself！"は心地よい響きがある一方で、とても曲者でもある。選択肢が限りなく広がっているかのようで、余計に何を選んでよいのか、自分が何をしたいのかわからなくなってしまう。ここにも正解がない「もやもや」があり、だからこそ哲学者のようにゆっくり、じっくり考え、思索にふける時間も楽しもう。そして、生活には持続可能な環境や平和な社会が土台であることは言うまでもない。コロナ禍を経験し、今までの生活が変わりなく続くことはあり得ないことがわかったのではないだろうか。私たちの生活やその背景にある社会が変わっている今日、生活文化の根本をしっかり押さえ、生きることを考える家庭科教育はますます重要である。

　家庭科教育の学びの柱として次の4つの視点 [1] があるといわれている。

① 生活の科学的認識

② 生活に関わる技能・技術の習得

③ 他者との協力、協働、共生

④ 未来を見通した設計

　これらの視点を踏まえつつ、家庭科は人・自然・社会との相互作用の中で考え、生活する上ですべての教科をつなぐ教科として、今後の学校教育の中心に据えていくことが望まれる。生活の基本的知識・技能を身に付け、自立やセルフ・アイデンティティ、共感力を育成しつつ批判的思考力も高めていく。このことは、生活文化の継承すべき点を見つめ直し、持続可能な社会の創り手を育てることでもある。児童・生徒と教員がともに授業を創っていくという姿勢が相互に学びを深めることにつながる。

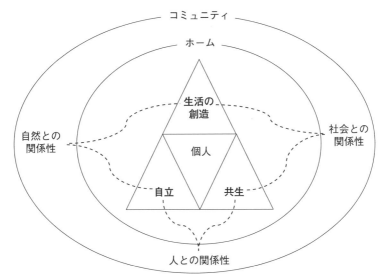

図 4-1　家庭科教育の目標とコミュニティとの概念図
（筆者作成）

（2）　家庭科教育の学び方

　家庭科では生活に関わる技能・技術の習得と生活していくことを考えることが両輪であるから、体験的学習・実験・実習と哲学対話型学習、そして自分自身との対話である黙考が必要だろう。第2章の繰り返しになるが、対話を行う土台には、教師と生徒との信頼関係がなければ表面的な学びにしかならない。知識だけの習得では不安定で不確か、予測のつかない世の中で生涯を生きのびてはいけない。ましてや自分らしく楽しく過ごすことはできないのではないだろうか。学校は、虚構の空間だからこそ言いたいことが言えるし、間違ってもよい場なのだ。普段の生活に関心を持ち、当たり前を疑うことから始め、新聞記事・ネットニュースなどから生活とつながる課題を見いだすこと、課題を解決するための情報を収集して多くの人びとの意見を聞き葛藤を重ねながら判断して実践し、社会に働きかけること、知識と体験的学習を融合させ再度改善策を考えていくことが重要ではないだろうか。学習は直線的に行くはずもなく、前進したり後退したり、時に立ち止まったりしながらケアし合い、自己のアイデンティティを獲得し知性を高めていくものである。

　さて、次節からは学生たちの日ごろの疑問をもとに学生と大学教員との応答を楽しんでいただきたい。なお、大学教員の叶内茜先生、佐藤真弓先生、齋藤美重子はそれぞれ叶内T、佐藤T、齋藤Tで表し、似顔絵は学生の五十嵐えりさんが描いてくれた。

（齋藤美重子）

　I　衣　生　活

Q1. 「個性の尊重」なんて世間で言われるけど、なんとなくみんな同じような服を着ている感じがする。なぜかな？

　学生 遠藤千陽より

　　　　　　　　　私は、齋藤ゼミで話し合ったりする前は、流行にまったく左右されていないかと言えばそうとは言え

ず、今、流行っている服をネットで見て、ある程度流行を取り入れた服を着ていました。しかし、みんなと同じような服を着ることで個性がなくなるように感じられ、その両方で揺れ動く気持ちがあるのですが、皆さんはどうですか？

　服は自分を形にして表現するための一つの道具ですよね。多くの人びとが服で自分らしさを表現しようとしています。しかし、社会で売られている物は似たような服ばかりで、それらを購入することで知らないうちに同じような服を着た人が増えているのです。

　また、近年、ジェンダーレスやユニセックスなどのジャンルも増え、性別や年齢、国籍を問わないファッションを選択できるようにもなっています。LGBTQ などの多様な性が認知されるようになってきた時代にジェンダーレスファッションはファッション業界のトレンドとも言えるでしょう。周りと同じような服を着ることで安心感を得る人もいれば、自分らしさが薄れると感じる人もいると思います。自分にセンスがないと感じ、SNS や雑誌に載っている流行を取り入れている人もいるでしょう。人の価値観はそれぞれで、好みもさまざまです。しかし、せっかく自分という個性を表現できる素材を持っているので、服で人とは違った自分らしさを見せてもよいのではないでしょうか。ファッションは人のためではなく、自分のためにあるものです。周りの目を気にせず服で自分のありのままを表現し、心地よく幸せな気持ちで生活していきませんか？

　流行は人の手によって作られています。いま世の中で流行している色は、実は 2 年前からインターカラーによって選定されてきたもの [2] なのです。流行に乗ることも、そうしないことも、その人らしい生き方といえますね。千陽さんの意見のように、衣服をはじめとして、髪型やアクセサリーなどで自分らしさを表現することはとても素敵なことだと思います。ファッションに頼らない方法で自分を表現している人たちもいますね。大切なことは、自分らしさを表現している相手に対し

叶内 T

て、その人をリスペクトする気持ちを持つことだと思っています。お互い
を認め合えるって、とても素敵なことですよね。

　服の起源を考えるとき、自分を〇〇のように見せ
たいと身体を飾ったことから服が生まれたとする「装
飾説」が有力とされています。自己を表現したいのは
人間の根源的な欲求の一つといえます。皆同じような
流行の服を身に付けているのは、同じように見られた

佐藤T

い、目立ちたくないという意識が働いているのでしょうね。その人がどう
考えるかというのが個性とするならば、個性がそれぞれ異なる場合もある
でしょうが、他の人と同じようにしていたいと考えるのもその人の個性と
いえるのかもしれませんね。

　皆さん、目立つことと目立たないことで揺れ動き
いろいろ考えていて、まさに生活哲学者ですね。マズ
ローが欲求階層説で語っているように、人間には**安全欲
求**も**社会的所属欲求**も**承認欲求**もありますからね。フラ
ンス革命以前の貴族階級では、時の権力者の真似をす

齋藤T

ることで流行になり、時を経て差別や戦争反対運動などの社会に対する反
発を表す服装が流行ったり、現代社会では企業が作り出す衣服が流行をつ
くり、衣服は時代を映す鏡といえます。

Q2. あなたが着ているその服は幸せな服？

学生 遠藤千陽より

　私たちの生活において服は必要不可欠なものです
よね。服には、体温の調節や身体の保護などの**保健
衛生的機能**と、職業や所属集団の表示、自己表現などの**社会的機能**があり
ます。
　近年では、ファッションの流行が次から次へと変化し、若者を中心に流
行の服を購入することが増えていると考えられます。たくさんの服を購入

する人にとっては、安い価格で購入できるファストファッションは欠かせないものとなっているでしょう。しかし、そんなファストファッションにはいくつかの問題が隠されているのです。

　ファストファッションは、低コストで大量生産をし利益を得ているため安い労働力を必要としています。そのために、服を製造する工場で働く人びとは低賃金、長時間労働など劣悪な環境で働かされているのです。つまり、私たちが着ている安い服は、人や環境を犠牲にして成り立っていることが多いといえます。

　例えば、2013年にバングラデシュで起きたラナ・プラザ崩落事故では、ファストファッションの生産をしていた老朽化した建物で1,100人以上が犠牲になりました。事故の原因は老朽化した建物で、一斉にミシンを踏んだためだったのです。

　消費者だけでなく、生産者も幸せでなければその服は幸せと言えないでしょう。消費者、生産者、環境にも配慮した幸せな服であればこれから先、長い将来も幸せに暮らしていけると思います。

　千陽さんが書いてくれた「消費者だけでなく生産者も幸せでなければその服は幸せと言えない」、私もそう思います。衣服に限らず、食品の生産などさまざまな場面で注目されているフェアトレードの問題とも関係がありますね。つい安く買える商品にばかり目が

叶内T

行ってしまいがちですが、**エシカル消費**や**サステナブル**な商品（4 消費生活 Q.8 参照）に注目し、自らが行動することで、その商品の背景にある生産者や環境のことも考えていけるとよいですね。

　安全性や食品ロスなど、「食」に関しては、環境問題まで広げて考える機会が多いですが、「衣」に関わる生活課題、社会課題についてはまだまだわれわれの意識不足と知識不足の感があるように思います。

佐藤T

齋藤Ｔ

　私たちは、衣服や流行に関心を持つ人に対して
ちょっと見下しているところがあるのではないでしょ
うか。しかし、見た目で印象が左右されるのも人間の
性。千陽さんが述べたように、服の機能には**保健衛生
的機能** ― 体温調節・安全・保護等 ― と、**社会的機能**
― 職業や所属の表示・社会慣習への順応・自己表現等 ― があり、人間の
生活に不可欠です。

　ここでは普段の洗濯に役立つ取り扱い表示（表4-1）を佐藤先生に、ボ
タンが取れたらつけられるように、ズボンやスカートの裾がちょっとほつ
れたら補修できるように、縫い方のイラスト（図4-2）を村本先生にまと
めてもらいましたので、お役立てください。

表 4-1　家庭洗濯に役立つ取り扱い表示記号の例（家庭用品品質表示法）

（JIS L 0001 より佐藤先生作成）

	家庭洗濯		漂白		外干しなど自然乾燥		乾燥機使用 （タンブル乾燥）	
基本事項	⊌	家庭の洗濯機洗いと手洗いの基本記号	△	漂白に関する基本記号	□	乾燥に関する基本記号	□	乾燥に関する基本記号
		下の線は洗濯の強さを示す ―1本は弱く ＝2本は非常に弱く 中の数字は上限の水温を示す				左肩斜め線は陰干しを示す		●は乾燥の温度を示す 1つは低 2つは高
実際の表示記号例	40	40℃を限度とし、洗濯機で洗濯可	▽	塩素系・酸素系漂白剤の使用可	日なたで吊り干しがよい		高温80℃まで
	40	40℃を限度とし、洗濯機で弱い洗濯可	⚠	酸素系漂白剤のみ使用可	日陰で吊り干しがよい		低温60℃まで
	30	30℃を限度とし、洗濯機で非常に弱い洗濯可	⊠	塩素系・酸素系漂白剤の使用禁止	日なたで濡れ吊り干しがよい		タンブル乾燥禁止
	⊍	40℃を限度とし、手洗いができる			日陰で平干しがよい		
	⊠	家庭洗濯はできない			日陰で濡れ平干しがよい		

※濡れ干しとは、洗濯機による脱水や手でねじり絞りをしないで干すこと
※このほかに◯であらわされるクリーニング表示もある
※塩素系漂白剤は漂白効果が高く、脱色の恐れがあるため、白物衣料に限る
※酸素系漂白剤は漂白効果が比較的穏やかで、色・柄物にも使える

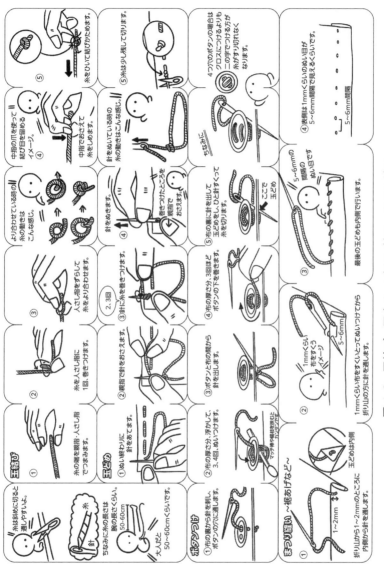

図4-2 玉結び・玉止め・ボタン付け・まつり縫い
（イラスト 村本ひろみ）

２　食　生　活

Q3. バランスのよい食事はなぜ必要？

学生 佐藤旭より　　　　　　私はついつい簡単な食事で済ませてしまうことがありますが、皆さんはどうですか？　人間の体の仕組みでは、**五大栄養素（ビタミン、無機質、たんぱく質、脂質、炭水化物（糖質と食物繊維））** の助けが必要です。**たんぱく質**（卵・肉類・魚類・乳製品・大豆など）や**脂質**（油類・くるみ・ベーコンなど）、**糖質**（穀類・いも類・砂糖など）は**三大栄養素**とも呼ばれ、体をつくる成分やエネルギーとなる栄養素です。**脂質**は控えがちですが、体温保持や細胞膜や胆汁・ホルモン類、ビタミンＤの原料にもなるため程よい摂取が必要です。

　ビタミン、無機質、食物繊維についてはどうでしょう。**無機質**（牛乳・海藻・きのこ類など）は骨や歯などを形成したり、浸透圧調整などの生理機能を調節します。**ビタミン**（野菜・果物・レバーなど）は栄養素の代謝、体の発育や活動を助けるなど生理作用を調節しています。**食物繊維**（蓮根・ごぼうなど）は消化されないためエネルギーにはなりませんが、便通を整えたり、コレステロールの吸収を抑えたり、血糖値の上昇を抑えたりする重要な働きをしています。

　また、体に入ってきた食べ物は消化・分解されて全身へ運ばれます。そこでは**分解**と**合成（代謝）** が行われていますが、代謝を促すものとしてたんぱく質を主とした酵素が働いており、ビタミン、無機質には酵素の働きを助ける役割もあります。必要とする量は他の栄養素と比べて少ないですが、これらを摂取しないと代謝が滞ってしまいます。体内で合成できないビタミンや食物繊維は、野菜や果物を食べることによって摂取できます。

　１日で体に必要なすべての栄養を、自分がおいしいと思えるものだけで摂取することは難しいですが、心身ともに健康な状態で生活していくためには味や香り、環境や精神状態、誰と食べるのかなどの要因と、少しずつでもバランスの取れた食事を掛け合わせていくことが重要です。

　五大栄養素については、小中高の家庭科で学んでい
く内容ですね。旭さんも言っているように、毎日すべ
ての栄養素を過不足なく摂取するというのは難しいこ
とかもしれません。食事をすることは、その人の生活
の中の楽しみの一つになっていることもあります。人

叶内 T

間の身体は機械と違って、その日 1 日何かの栄養素が不足したからといっ
て急に身体が動かなくなってしまうことはありません。「今日は野菜が不
足していたから、明日は野菜を少し多めに食べよう」など、1 週間単位で
栄養素の過不足のバランスをとっていけるとよいと思います。

　食には大きく以下の 3 つの意義があると考えられま
す。

齋藤 T

　①　**生理的役割**…命の維持、成長促進、健康増進など
　②　**精神的役割**…満足感、モチベーションアップなど
　③　**社会的役割**…社会性の向上、食文化の継承など

皆さんも経験があると思いますが、ただ健康のためだけに食べたり味
わっているわけではないですよね。「孤食」ではなく、「共食」でもない「縁
食」[3] も大事なことです。ブリア・サヴァラン [4] は『美味礼賛』の中で「君
が食べたものを言ってみたまえ。君がどんな人か言い当ててみせよう」と
語っています。現代社会では、生産現場のことや流通段階など食の背景を
知り、ゆるいつながりの中で食べることを楽しみましょう。

　さて、ここで小・中・高で扱ってきたバランスの良い食生活について、
食品群の分け方例（表 4-2）を載せておきます。

　それにしても家庭科で扱う食品群って、3 つ、6 群、
4 群と種類がいくつもあってなんて複雑なのでしょう。

佐藤 T

　小・中・高の家庭科で一貫して同じ内容を示すよう
にした方が、生徒にとっても先生にとっても、わかり
やすいと思うのですが…。

表4-2　食品群の分け方例

小学校	赤色グループ		緑色グループ		黄色グループ	
	魚・肉・豆腐・乳・卵・海藻		緑黄色野菜・その他の野菜・果物・きのこ		穀類・砂糖・油脂・いも類	
	主に体を作るもとになる		主に体の調子を整えるもとになる		主にエネルギーのもとになる	
中学校	1群（主な栄養素はたんぱく質）	2群（主な栄養素はカルシウム）	3群（主な栄養素はカロテン）	4群（主な栄養素はビタミンC）	5群（主な栄養素は糖質）	6群（主な栄養素は脂質）
	魚・肉・卵・豆・豆製品	牛乳・乳製品・骨ごと食べる魚、海藻	緑黄色野菜	その他の野菜・果物・きのこ	穀類・いも類・砂糖	油脂・種実
	主に体の組織をつくる		主に体の調子を整える		主にエネルギーになる	
高等学校	第1群		第2群	第3群	第4群	
	乳・乳製品・卵		魚介・魚・豆・豆製品	野菜・いも・果物	穀類・油脂・砂糖	
	栄養を完全にする		たんぱく質源になる	体の調子を整える	エネルギー源になる	

参考：小・中・高等学校家庭科教科書を参考に筆者作成

Q4. 野菜はおいしいとは思えないけど、食べなきゃいけないの？　どうしたらおいしく食べられるの？

学生 飯野朱音より

　　　　　　　　　野菜はどうして食べなければならないのか、その答えは野菜を食べないと身体にさまざまな影響が起こると言われているからです。近年の日本人の食生活は、野菜離れを起こしており、欧米化しています。動物性脂質の摂取量が増加しており、摂りすぎてしまうと血中の脂質濃度が増加する恐れがあります。動物性脂質の摂りすぎは、血栓症や心臓病、生活習慣病を引き起こすほか、がんやアレルギーを促進することも指摘されています。

　では、野菜をおいしく食べる方法についてですが、まず1つ目は新鮮な野菜を食べることです。野菜にはそれぞれ本来、育つために適した環境があります。新鮮な野菜は、比較的苦みや青臭さは少ないといわれています。そのため、新鮮な野菜はおいしく感じます。

　２つ目は、生野菜にこだわらずに、調理の方法を工夫することです。野菜の組織の硬いところや不味成分は炒める、茹でる、蒸すといった加熱調理を行うことで改善され、食べやすくなります。また、調味料を用い好みの味付けを行うことや、細かく切ることで野菜そのものの味を強め不味成分を和らげる効果があります。

　３つ目は、自分で野菜を育てることで、野菜をおいしく感じることがあるといわれています。野菜を育てる過程を知ることで、野菜に愛着がわき、楽しさを感じられ、自分で育てた野菜はおいしいと言われています。そして、自分で育てることで、野菜のありがたみを感じることができ、食べてみようという行動につながるということがあります。

　このように、野菜は私たちの健康な身体を維持するための食生活に必要な存在であり、重要な役割があります。

　野菜を一口でも多く摂取できる、野菜を食べることが楽しみに感じる、そのような自分に合った野菜の食べ方を見つけて、野菜をおいしく感じられる一歩を踏み出してみましょう。

　朱音さんが言うように、まずはプランターで野菜を育ててみると、いろいろな形をしたうま味のある野菜を手軽に食べることができるでしょう。第６章の一人暮らしの時短簡単レシピの中に野菜料理が載っていますから、活用してください。

齋藤 T

　おいしく食べるための工夫として、「**おいしく食べられる環境**」をつくることも効果的です。同じ内容の食事でも、素敵な食器に盛り付けて食べたり、好きな人と一緒に食卓を囲んだりすることで、いつもと同じ食事がさらにおいしく感じられることでしょう。共

叶内 T

食（誰かと一緒に食事をすること）の回数が多い人は、ストレスが少ないという研究結果[5]もあります。また、人の身体の土台をつくる幼児期の食

育では「食べることを楽しむ」ことを大切にしています。人生の中でずっと続いていく食事の時間が、その人にとって楽しい時間になるとよいですね。

　栄養バランスのために野菜を食べなくてはいけないなど義務のようにしてしまうと、野菜がおいしくないと思ったり、嫌いになってしまうこともあるかもしれません。野菜のおいしさをまず知ると、病みつきになるくらい好きになるかもしれませんね。

佐藤T

Q5. 食料や資源を大切にするためにできることは？

学生 佐藤旭より

　偏りのある食事をしないことや**地産地消・食品ロスの削減**に貢献することです。

　近年、日本では食のグローバル化や外部化が進み、効率性と経済性を重視した食生活が見られます。**フードシステム**に注目すると生産・流通・加工・消費までの複雑化によってその距離も遠くなっています。

　また、肉食化が進み食料自給率の低下や飼料の輸入拡大にもつながっています。**フードマイレージ**は世界で最も高く、二酸化炭素の排出量やバーチャルウォーターも高いため、買い物の基準を見直して地産地消を実践したり、食の一面化とならないよう心がけることが大切です。

　日本における食料廃棄物はおおよそ半分が家庭から排出されています。食品ロスは環境問題や貧困問題にもつながっており、世界の食料廃棄が年間13億トンに対して、8億人以上の人びとが栄養不足となっています。経済的に見ると、私たちは食料品価格に上乗せされた廃棄コストも支払っています。食品ロス削減の身近な例としては、一部のファミリーレストランやホテルでの持ち帰り容器、消費期限の迫った商品を安価で購入できるアプリ、コンビニでの手前取り、廃棄前値引きやポイント還元、フードバンクに届けるなどが挙げられます。

　私たち一人ひとりの行動が、日本だけでなく国際的に見ても食料や資源

を大切にすることにつながります。

　旭さんが似たような単語を並べてくれたので、混乱
している人もいるのではないでしょうか。

齋藤Ｔ

フードマイレージ（t・km）＝食料の輸送量（t）×輸送距離（km）[6]。輸送量と輸送距離が長くなれば、それだけエネルギーを多く消費し、二酸化炭素の排出量も多くなります。日本は世界一です。食料輸入が多く、自給率が低いということは環境への負荷も高くなるということを表しています。

　続いて**バーチャルウォーター**[7]とは、食料を輸入している国（消費国）において、もしその輸入食料を生産するとしたら、どの程度の水が必要かを推定したものです。環境省のホームページではバーチャルウォーターの計算ができますよ。また、**ウォーターフットプリント**という言葉もあります。**ウォーターフットプリント**とは、水利用に関する潜在的な環境への影響を、原材料の栽培・生産、製造・加工、輸送・流通、消費、廃棄・リサイクルまでのライフサイクル全体で定量的に評価する手法[8]のことで、製品やサービスの裏側に隠された水の消費量や汚染などを見える化する仕組みのことです。これらによって、牛肉などの肉食化は飼料の穀物輸入、飼育場確保の森林伐採、牛のゲップからのメタンガスの排出、排せつ物による水質汚濁など、水環境や地球温暖化にも影響を及ぼしていることがわかります。

　さらに、**食品ロス**とは本来食べられるのに捨てられてしまう食品のことを指します[9]。ちなみに海外では、フードロス（Food Loss：小売りに至るまでのサプライチェーンの段階で生まれるロス）とフードウェイスト（Food Waste：小売り、飲食サービス、消費者から生まれるロス）を分けて考えています（図4-3）。発展途上国では収穫技術、厳しい気候条件での貯蔵と冷却施設、インフラ整備など財政的、経営的および技術的制約による食品ロスが多く、先進国では生産から消費に至る各段階、特に消費者の意識 ── 新しいものが欲しいとか、ちょっと傷があるものは嫌だといっ

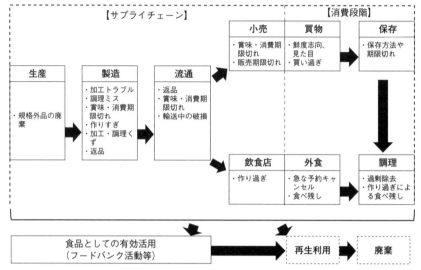

図 4-3　食品ロスの主な発生要因（フロー図）[10]

参考：消費者庁「令和２年版消費者白書」より筆者作成

た意識 ─ が食品ロスの発生を招いています [10]。食品ロス削減には、事業者、家庭双方の取り組みが必要です。

　世界では約７億 3,500 万人が飢餓に直面し、新型コロナウイルス感染症の世界的大流行前の 2019 年と比較して１億 2,200 万人も飢餓人口が増加しているにもかかわらずです [11]。私たちも食べられる量だけ購入するとか、余ったら冷凍するとか、ちょっと工夫して味にアレンジを加えるなど、できることがあるのではないでしょうか。

　本当に私たち日本人は今、食べ物にあふれた生活をしています。コンビニやスーパー、飲食店、ファストフードなど、さまざまな所で食べ物を目にします。太古の昔から飢餓との戦いでしたから、現在の食生活とは隔世の感がします。「いただきます」はなぜ食べる前に言うのでしょうか？食べ物そのもの、それを作ってくれた人、そしてその食べ物をもたらす大地や空気や水といった自然への感謝を表す言葉です。今一度、今食べている食べ物がどこから来ているのか、丁寧に辿ってみましょう。

その方法の一つがスーパーの牛肉などに貼られているバーコードです。これをスマホの写真で読み取ると、生産物の原産地や生産過程、流通経路などの情報を知ることができます。これを「バーコードトレーサビリティ」といいます。こんなに生産者と消費者が遠くなってしまったのも現代社会になってからで、生産から消費までの履歴を辿ることは消費者にとっては安心感をもたらし、生産者には安全性の向上を目指すことになります。

授業で食品ロスのことを話題にすると、食品を扱うアルバイトをしている学生たちから、食品ロスの多さに驚いたという声がたびたび聞かれます。購入者としての暮らしだけでは、あまり見えてこない部分ですね。「食品ロスおよびリサイクルをめぐる情勢（農林水産省、2023）」[12] をみると、本来食べられる可食部の食品ロスがたくさんあることがわかります。一方で、旭さんが挙げてくれたように、日本の食品ロスの約半分は家庭から出ています。家庭科の授業で扱う**消費期限**と**賞味期限**やエコクッキングなどにも、家庭の食品ロス削減のヒントになることがありそうです。世界の食をとりまく問題にも目を向けると、食品ロスに対する考え方が変わってくるかもしれません。

叶内T

3　住　生　活

Q6.　自分の住まいが落ち着くのはなぜ？

学生 佐藤旭より　　　　　住まいは私たちにとって安全や快適をもたらし、思い出や地域との交流を作り出すものだからではないでしょうか。

もし、あなたがいきなり路上生活をすることになったら、常に落ち着いた生活はできないでしょう。自分だけの空間は精神力向上へとつながります。視野を広げると自分の部屋や家だけではなく、私たちが暮らしている地域社会も住まいといえます。地域との交流は必要ないと感じる方もいる

と思いますが、自治体によってさまざまなまちづくりが行われています。地域について知っておくと災害時の助け合いに役立ったり、自身の生活スタイルや住環境に合った仕組みを自らキャッチすることができます。

　また、私たちは住まいに自分以外の人とのつながりがあることでコミュニティを得られています。少子高齢化が進む現代社会において、1人で暮らしていくことへの不安を持つ方は多く、集まって住むライフスタイルが進出しました。例えば、**コーポラティブ住宅やシェアハウジング**は、周りの人びととのつながりによって自分の居場所・安心の場となり、老若男女問わずさまざまな世代の選択肢となっています。

　理想の住まいとは一人ひとりの価値観によって異なりますが、住まいはその人にとって自分を外側からも内側からも守り、自分の心と体の居場所であるからこそ安心して過ごせるのです。

　私たちの暮らしの中には多様な住まい方がありますね。自分の住まいが安心できる居場所になっていることが理想ですが、残念ながらそうではない人たちもいます。特に子どもの場合は、自分の家に居心地の悪さを感じていたとしても、自分で生活の場を選択することは難しいです。表4-3に示す子どもの4つの権利を、周囲の大人たちがきちんと保障していかなくてはなりません。

叶内 T

　また、自分の家や学校以外にも、子どもたちが自分の居場所と感じられる安心安全な**第三の居場所**があることが大切です。地域の人との心地よい関わり合いが、人的な居場所になることもあります。

　旭さんが考えるように、「住まい」とは家や自分の部屋など自分の家だけでなく、地域社会まで含めて自分が生活し、住む場所が「住まい」といえるでしょうね。初期猿人のころから、オスとメスが子を産み育てる集団として家族を作ってきたことは知られています

佐藤 T

表4-3　子どもの4つの権利（ユニセフ）[13]

生きる権利	住む場所や食べ物があり、医療を受けられるなど、命が守られること。
育つ権利	勉強したり遊んだりして、もって生まれた能力を十分に伸ばしながら成長できること。
守られる権利	紛争に巻きこまれず、難民になったら保護され、暴力や搾取、有害な労働などから守られること。
参加する権利	自由に意見を表したり、団体を作ったりできること。

参考：日本ユニセフ協会「子どもの権利条約ガイドブック皆で学ぼうわたしたちぼくたちの権利」より筆者作成

が、ひとつの単体の家族だけで生活することは難しく、いくつか複数の家族が集まってコミュニティを作り、子育てや食物確保などの仕事を協力し助け合いながら生き延びてきたことがわかっています。

　物理的に安心した寝床があることが、一日の疲れを心身ともに回復させます。だからこそ住まう場が必要です。時にみんなでワイワイし、時に一人でホッとできる Home は活力の源にもなりますが、閉鎖的になってしまえば DV や虐待を引き起こしかねません。コ

齋藤T

ミュニティを含めて自分にとっての Home とは何なのかを今一度考えてみましょう。

4　消費生活

Q7. お金って貯めた方がいいの？

学生　垣田知秀より

　みなさんは貯金をしてますか？　お金があれば好きな物を買えたり、安心感を得られたりしますよね。私自身もアルバイトで計画的にお金を貯めています。最近では、「将来に備えるには資産運用が必要で、預貯金だけじゃダメ、投資も考えないと」

という言葉を聞く機会が増えました。しかし、本当にそうでしょうか。私なりの答えを述べたいと思います。

　まず、「貯金」はしたほうがよいと思います。なぜなら、生活を工夫し、「節約」できるようになるからです。一般的に、貯金をすることで将来の急な出費に備えることはもちろんのこと、自分の給与から逆算し、貯金するための消費行動を検討することができます。そうすることで、お金や物を大切にする、無駄にしない、結果的に大げさかもしれませんが、自分の生活を豊かにし、資源を大切にすることにもつながると考えられます。例えば、1年間に100万円貯金を目標にしてはどうでしょうか。これは年収に限りません。さらに、注意点として節約も一日ではなく、毎日継続することが必要です。「昨日節約したから、今日は贅沢しよう」なんて言っていたら本末転倒です。

　次に、「投資」についてです。わたし的には、投資をしてもしなくても個人の自由かなと思ったりします。しかし、貯金できない人は投資すべきではないと思います。なぜなら、投資には長期的な見通しが必要だからです。投資は時間と共に利益が複利で増えるものであるため、計画的な資産運用が必要です。貯金ができない人は短期的で大きな利益を追究し、市場の変動に左右されやすいと考えるからです。

　お金の管理は長期的な計画や目標を立て、もし投資をする際は情報収集をし、理解をしてから始めるべきであると考えます。

ファイナンシャル
プランナー（FP）
佐瀬孝至より

　貯金は必要ですが、何のために貯金をするのかを考えることが重要です。「節約」を目的にするのではなく、「将来の○○のために、○○円必要」と逆算して考えることもよいのではないでしょうか。金融庁の報告書（2019）[14]によると、老後のための資金として少なくとも2,000万円ほど必要なことがわかります。

　また、「貯金」は日本経済という観点から考えると必ずしも良いものではありません。それは経済活動を活性化するためには、お金の流通が不可

欠だからです。貯金されたお金には動きがありませんので、経済活動への影響は限定的です。お金が流通することで物価が上がり、企業の売上が増加し、国民の給与が増えます。一人ひとりがお金を使い、経済活動に参加することが、いずれ自分自身の収入の増加につながるという観点も持ってみましょう。

　知秀さんやFP佐瀬さんの言葉を聞きながらさまざまなことを考えさせられました。自分のお金でもあるけれど、国民経済をまわしていくお金でもあるということ、貯蓄する？ 使う？ 投資する？ バランスを取っていくことが大切なのでしょうね。

佐藤T

　お金にはパワーがあり、お金で人が集まったり、自由を獲得したり、幸せになれると感じられる反面、欲望や嫉妬、妬みを生み、人生を狂わされる場合もあるように思います。そのことをわきまえていないと犯罪に巻き込まれるかもしれません。よりよい人生を送る

齋藤T

ために、いかにお金と付き合い、いかにお金に学ぶかについて、草間・畑村（2008)[15]はお金を「**稼ぐ、使う、借りる、貯める、備える、もらう、増やす、投資する**」でトータルに考えて行動することを示しています。また、河邑・グループ現代（2011)『エンデの遺言 — 根源からお金を問うこと』[16]も参考になります。

Q8. 消費生活の裏側で起きてる問題ってなに？

学生 岡野和香菜より

　　　　私は衣服や雑貨を買う時、ネットで安いモノを選ぶことが多いですが、みなさんはどうですか？

　現在、経済がグローバル化したことにより安く食料品や衣服、雑貨などが手に入るようになっています。その背景には、賃金の低い国に生産拠点を移して大量に生産し、大量に購入する先進国で売りさばいたり、途上国

での児童労働問題があります。生産の背景を知らずに商品を購入し、その仕組みに加担しているかもしれません。この背景を知り、エシカル消費やフェアトレード商品の購入などを検討するべきです。**エシカル**とは「倫理的な」という意味であり、**エシカル消費**とは地球環境や人権、生産者の健康・安全、動物への権利などにも配慮した消費行動のことです。**フェアトレード**は、開発途上国でつくられた作物や製品を適正な価格で継続的に取引することにより、生産者の生活向上を持続的に支えていく仕組みとされています。つまり、大切なのは**公正**であることです。

　先進国による木材や食料の大量輸入は、途上国での大量な森林伐採、プランテーションなどへの土地利用の転換により、環境破壊を推し進めてしまっていますが、このままにしないためには持続可能な社会にする必要が考えられます。持続可能な社会とは、**循環型社会、自然共生社会、低炭素社会**が組み合わされた社会のことです。日本における持続可能な社会を考えたときに、食料自給率、エネルギー自給率の低さやゴミの排出量が問題とされています。そのため、大量廃棄を前提としない、環境を維持できる社会を目指して、多くの法律が制定されています。プラスチックごみによる海洋汚染が国際問題となるなかで、日本でも廃プラスチックの行方が問題となっています。そのため、現在は抑制策として、レジ袋の有料化や紙ストローへの変更が行われています。

　消費生活は社会を生きる上で必要なことですが、問題が知らないうちに進んでいるかもしれません。私たちの消費生活の中でできることはたくさんあり、積極的に知ろうとすることや取り組むことが大切だと考えられます。たまにはかっこよくフェアトレード商品を買ったり、環境に配慮しているところをみせたいなと思っています。

　児童労働の問題についてユニセフの報告（2020）[7]をもとに補足します。児童労働とは、義務教育を妨げる労働や法律で禁止されている18歳未満の危険・有害な労働のことで、1億6,000万人の世界の子どもたちが児童労働を行っているとされています。これは、世界の子どもの10人に1人

という数です。さらに、より低年齢の5歳から11歳
の幼い子どもたちの児童労働も問題視されています。
日本では小学校や保育園・幼稚園に通うような年齢の
子どもたちが、遊ぶ時間や教育の機会を奪われ働かさ
れているのです。そして忘れてはいけないのは、児童

叶内T

労働はどこか遠い国だけの話ではないということです。日本国内にも児童
労働の闇が潜んでいます[18]。私たち大人が、子どもたちの安全な暮らしを
守っていかなければいけません。

　もう一度おさらいしておきましょう。和香菜さん
が語ってくれたように**エシカル消費**とは倫理的（Eth-
ical）消費のことで、「地域の活性化や雇用などを含
む、人・社会・地域・環境に配慮した消費行動」[19]の
ことです。人や空気・水・土地との持続可能な関係性

齋藤T

を考え、買わないことも含め何を買うかを考え応援しながら活動すること
です。具体的には、生産者の人権を認め公正な貿易をするフェアトレード
商品を買うことやエコ商品、リサイクル製品、地産地消、動物福祉、エシ
カルファッションを選ぶこと、たまにしか使わないモノはシェアする、川
や海を汚すモノは買わない、ごみを減らす、節電するなどの行動がありま
す。不利な人がいれば、その人に多くの援助をして初めて公正といえると
思います。安さの裏には何かあるのではないかと調べ、回りまわって社会
環境が悪くなり自分にしわ寄せがくるのではないかと考える必要がありま
す。**現実**（Reality）、**平等**（Equality）、**公平**（Equity）、最初から壁を作
らないという**本質**（Justice）の図4-4をみて、皆が幸せになれるために
はどうしたらよいか考えてみましょう。

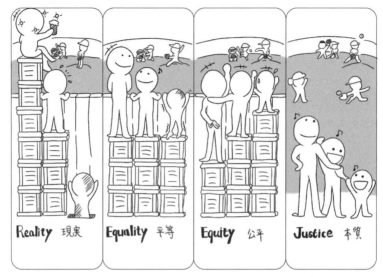

図 4-4　　Reality, Equality, Equity, and Justice[20]
参考：Boston University HP より村本ひろみがイラスト作成

5　情報化・グローバル化社会と地域社会

Q9. 情報化、グローバル化する社会の中で私たちに必要なことは？

（学生 五十嵐えりより）　　私たちに必要なのは情報を判断する力です。

　　多くの人がスマートフォンを持つようになり、インターネットが普及し SNS などで多くの情報が出回るようになりました。それにより、金銭目的の詐欺やフェイクニュースなど不確かな情報を簡単に拡散させる可能性があり、場合によっては大きな社会的な問題を引き起こすこともありえます。そのため、私たちは正しい情報を見極める必要があります。検索すればいくらでも情報が手に入る世の中になり、便利になりましたが、本当に自分に必要な正しい情報は埋もれている状態です。

　　正しい情報を見極めるには、情報を鵜呑みにしないことが大切です。また、バーチャル世界でも自分自身の発言に対して責任感を持ち、発信源を調べたり、誇張されすぎた見出しに惑わされないように、さまざまな視点

から多角的にモノを見ることが重要です。

　情報を判断する力はとても大切ですね。えりさんが
指摘してくれているように、世の中に流れている情報
は正しいものばかりではありませんね。気がつかない
うちに自分にとって都合の良い情報だけが集まってき
ているかもしれません。必要な情報を正しく選択する
力が必要です。

叶内 T

　また、子どものインターネット依存の問題も無視できません。厚生労働
省が 2017 年に行った調査 [21] 時点で、日本の 93 万人の中高生にネット・
ゲーム依存の疑いがあるとされていました。これは、中高生の 7 人に 1 人
に該当します。依存に陥ることで、成績低下や居眠りなど、さまざまな
場面に支障が生じています。私たちの暮らしをより便利にしてくれるイン
ターネットですが、その扱いには注意が必要です。

　そもそも情報化の進展で考えなければならない問題
は**中間集団** — 町内会、労働組合などのコミュニティ
— が解体されているということです。ネットにより
情報を得たり共感を得たりしても所詮は他人ごとに
なってしまうことが多いのではないでしょうか。瞬

齋藤 T

時に世界中の情報が拡散されますが、そのあと何事もなかったかのように
次々に話題が変わっていく現状は、真に自分の生活に寄り添った課題では
ないからです。日常生活を共にしたところでの痛みを解決しようとする集
団をどのように創り、連携していくかが今後の課題になるでしょう。日々
の営みの中での対話も大切にしたいものです。

　AI 革命によって、内容が単純化され、ネット空間の多様性が減じるとい
う見方もあります。また全く別の観点からは、電力消費の増加という環境
問題が懸念されます。さらに、IT を利用できる人とできない人、例えば若
者と高齢者との情報格差にみられる**デジタルデバイド**（Digital Divide）

は、仕事の機会や生活情報の格差を招き、個人間だけでなく、地域間、ひいては国家間格差を招いています。現在でも大統領演説のフェイクニュースなどの国家間の情報合戦も起こっており、恐ろしい事態を生む可能性も潜んでいます。えりさんも語っていたように、さまざまな情報を批判的に検討していかなければならないでしょう。

Q10. 他人に頼ることはいけないことなの？

　　　　　　　　　自立することは大切です。しかし、自立するということは、すべて自分でできないといけないわけではありません。

　情報技術が進み、世界中の出来事やモノ・サービスが行き交うグローバルな社会で生きている現在、まったく世界と関わらないで生きていくことはできなくなっているのが現状です。そのために、私たちは人と関わり、情報を得ることも必要となるでしょう。

　共生するためには、そのおおもとに自立した人間同士がいなければ、依存に陥り、虐待やDVに向かってしまうでしょう。

　人と一緒にいることは楽しいことばかりではなく、つらいこともあります。他人と意見が合わない時、自分の気持ちをわかってもらえない時など誰もが経験したことがあるのではないでしょうか。しかし、さまざまな目的に合わせて、生活の痛みを共有できる緩やかにつながるネットワークを広め、**生活の質（QOL）** を高めることも大切です。私は親に心配をさせないように自分の気持ちを抑えることが多く、ストレスを感じてしまうことは多々ありますが、大学のゼミでの話し合いを受けて、避けることなく対話を重ね、困った時には制度や支援組織、コミュニティなどにつながっていきたいと思います。

　「他人を頼ることができる力」 や **「自分が困っているときにSOSが発信できる力」** は、いまの社会を生きていくために必要な力だと考えています。人に頼ることは、自分の弱い部分を相手に見せることでもあるので、

一歩踏み出すまではとても勇気がいることかもしれません。近い関係の人だからこそ、話せない悩みもあると思います。そんなときに関係性を気にせず不安や悩みを打ち明けられる場があることは、とても心強いことです。厚生労働省のウェブサイト「まもろうよこころ」[22] では、いろいろな悩みや困りごとを抱えたときの相談窓口が公開されています。こうした場があることを、何かが起こる前から知っておくことも大切なスキルでしょう。自分の経験や知識が、他の誰かの助けにつながることもありますね。

叶内 T

確かに実花さんや叶内先生のおっしゃる通り、こんなに複雑化した世の中で、人に頼る自立も必要だと思います。以前は、人に頼らないことが自立であり成熟した大人と言われていましたが、こんなに情報が錯綜し複雑化した世の中で、困ったときに助けを求めることができる**セルフアドボカシー**が生き抜く力となるでしょう。自立と共生については第2章を再度参照ください。

齋藤 T

6　人間関係

Q11. 少子化が騒がれているけど、子どもを産まなきゃいけないの?

学生　今井桜子より

　現段階において私は、子どもを産むとも産まないとも決めていません。そして、子どもを産むかどうかは個人の自由であるべきだと私は思います。人びとの人生において、子どもを産むことは個人の幸福や満足感をもたらすという反面、すべての人にとって必ずしも幸せや充実感をもたらすとは限りません。子どもを産むことができない人や、産む意思のない人も存在します。個人の人生において、自身の価値観や人生観に合わせた選択をしていくことが重要です。

　また、子どもを産むことは、個人の意思決定によるものであり、他人や

社会が制約するべきではないと思います。社会や他人が子どもを産むことを強制したり、逆に産むことを禁じることは個人の人権や選択の自由を侵害することになりかねません。

さらに、子どもを産むことは社会全体においても重要な役割を果たします。それゆえに、社会は子育て支援や働き方改革を含む、子どもを産む選択をしやすくする環境づくりに取り組む必要があります。自身の人生を充実させるための選択を自由に行うことができる社会形成は、より幸福な社会を築く一助になると考えます。

これらのことから、人生の選択は個人の権利であり、他人の価値観や社会の期待に左右されるべきではないと思います。私たちは、個人の選択を尊重し、多様な価値観を認めることで、幸福な社会を築くことができるのではないでしょうか。

初期人類のころからオスとメスが一緒に食べたり、共同で子育てをすることで家族や社会が成立しましたが、これは田辺義一による個体維持、種族維持という家庭の**生命維持機構**と関連しています。食べることで私たちの身体（個体）は維持されますが、日本のような少子化が世界的に進めば、人口減少はおろか人類という種族が維持されないことは明らかです。かといって、人類の種族維持のために私は子どもを産もう、とはなりませんよね。人間は文化という衣を纏（まと）い、科学技術を発達させ社会を築き、子どもを産み育てる以外に人生を充実させられる何か"他のこと"を見つけ、自分自身の人生を幸せに生きようとしているのが現代だといえます。人類絶滅のカウントダウンがもっと現実味を帯びてきたら人類は新たな手を考えるのかもしれませんね。

佐藤T

仕事やボランティアをしていれば間接的に子育てに貢献しているわけですし、子どもを産まなくたっていいですよね。でも産みたい人が産めない環境（お金がかかる、子育ての人手が足りない、自分の時間が持てない、

社会からの疎外感、キャリアに響くなど）は変えなければならないでしょう。そもそも、結婚しなければ子どもは持てないという日本の規範も検討する必要がありそうです。子どもを持つことが自分の人生を楽しくする、豊かにする、あるいはキャリアアップにつながるといった思いが強くなるような環境を整えることが重要ですね。

齋藤T

私自身も子育て世代です。子どもたちとの暮らしは毎日が楽しく充実していますが、大変さや困難も感じています。周囲の理解や支援がなければ生活は回りません。今の日本社会は妊娠・出産・子育てについて、その責任を親だけが負っているように感じます。子を持つ選択をしたら、親は子育てのために多くを犠牲にしなければいけないのでしょうか。地域全体で子育てを支える社会に変わっていかなければ、日本は今後世界から取り残されていくのではと感じます。

叶内T

Q12. 高齢者がいなくなれば高齢化が終わる？

学生 垣田知秀より

現在、日本は超高齢化社会に到達し、年金や社会保障費などで国家予算が使われ、若者の生活は苦しくなりそうです。さらに職業もAIに置き換えられるなど、予測困難な社会になり、先が見えない未来に不安を抱いている若者もいるでしょう。

では、高齢者がいなくなれば高齢化による問題が解決できるのでしょうか。確かに、高齢者がいなくなることで財政面の問題は解決できるでしょう。しかし、今までの社会を創り社会に貢献してきた人を社会の「お荷物」として排除すべきでしょうか。そんな社会は「よい社会」と言えるのでしょうか。いいえ、言えないと思います。生産性のあるなしで人間の価値を判断し、なしと見なされた人は排除するべきと言われる社会なんて、自分もいつそのような立場になるかもしれないと思うと恐怖でしかありません。よく未来の社会について、高齢者には「どうせ先に逝くから関係な

い」などと言う人もいます。私はそんな考えは変えるべきだと思います。生きているのであれば、ただ生きるのではなく、生きる価値を見いだしてほしい、これからを生きていく世代に何かを残してほしいと思います。その形はどんなものでもよいのです。

　そして、若者や働き世代の人びとも、これからの社会についてもっと関心を持ってほしいです。私は、良い社会をつくっていく行動の一つとして選挙に行こうと思います。政治家のおじいさんたちに社会を託してよいのか、高齢者を大事にする社会のままでよいのか疑問に思ったからです。みなさんも「良い社会」とは何なのか、自分だけが老後のお金を確保すればよいのでしょうか。自分の生き方を考えてみてください。

　みなさんの「高齢者」のイメージは、どのようなものでしょうか。今や日本は約3人に1人が65歳以上の高齢者となっています[23]。そして、高齢化率はこの先も上がっていきそうです。一方で、核家族化が進み、身近に高齢者がいない環境の中で育つ子どもた

叶内T

ちも多いです。このような社会的背景を受け、家庭科の学習では高齢者に関する内容が多く盛り込まれるようになりました。「子ども叱るな来た道だもの年寄り笑うな行く道だもの」ということわざがあります。私たちは皆、いずれ歳を重ねて高齢者になっていきます。社会の中で生き生きと暮らす高齢者をモデルに、私たちも自分の人生の次のステージを楽しみに過ごしていきたいものです。

　ついつい「年はとりたくない」とか、「ぽっくり逝きたい」などと口にしてしまいます。しかし、年を重ねても、どこか体の具合が悪くなっても、認知症になったとしても、周りの人も本人もみんなが幸せに暮

齋藤T

らせる社会になることを望みます。健康でなければ幸せでいられない社会なんてまっぴらごめんです。

齋藤先生の意見に賛成！　たとえ体が言うことがきかなくなっても、何があっても、その人らしく幸せが実感できるような社会を目指したいですね。

佐藤T

Q13.　"推し"を推すとどのような影響があるの？

学生　岩松愛梨・
柴田寧々より

みなさんには、"推し"はいますか？

　私たちは、推しがいることで毎日の生活がより楽しくなったり、辛いことも乗り越えられたりしています。また、推しを応援するためにアルバイトを頑張ることや、日頃の生活を見直して徳を積み、推しのために生活をしています。"推し"とは、アイドルや俳優、スポーツ選手、アニメのキャラクターなどの魅力を感じ、自分の人生の中に存在価値があり、応援したいと思うものすべてを指します。

　では本当に推しがいることで生活は充実するのでしょうか？　私たちなりの答えを述べたいと思います。

　まず、推しがいることによって生活は充実すると思います。なぜなら、推し活をしていく中で自分磨きを頑張ったり、推しを見ることで気持ちが癒されたりします。他にも、アルバイトや勉学を頑張る理由にもつながります。

　次に推し活は、経済を回していると考えます。例えばコンサートがあれば、最寄駅やその周辺の利用者が増えたり、ヘアメイクをするために美容室を利用したり、服やコンサートグッズなどを購入することが増えます。また、推しが企業のCMやPRなどをしたときには、その商品を購入したり、施設を利用することが増えると考えます。2020年12月の矢野経済研究所の調査によれば、経済効果は6,000億円以上にも及ぶと言われています。

　この結果を見ると、経済を回しているようにも思えますが、個人の生活で見てみると、アルバイトで稼いだお金も推し活に多く使うことで金銭感覚が変わってしまうこともあるかもしれません。また、推し中心の生活になり周りが見えなくなってしまう可能性もあります。

　これらのことから推しを推すことには、メリットとデメリットがあることがわかります。推しだけの生活にならないように、推しを応援していくことが大切だと私たちは考えます。

　最近ではSNSの発達もあり、推しと自分の関係だけでなく、推し活仲間と自分との関係も考える推し活になっているのかなと思います。私も推し活中ですが、同じ推しを推しているもの同士、情報や感情を共有したり、また時にはその推し活仲間を応援したりして楽

佐藤T

しみが広がりました。そして、推し活の場は、高齢者でも子どもでも、またセクシュアリティや職業も問われないユニバーサルな場所であるという居心地の良さも感じています。これからもゆるやかに推しも推し仲間も見守っていきたいと思います。

　以前は“ファン”であるとか、“オタク”という表現もありましたよね。“オタク”がある特定のことに過度に傾倒し自嘲気味で自己防衛的である[24]のに対し、“ファン”であることを超えて“推し”は愛梨さんや寧々さんにとって応援したいという思いなの

齋藤T

ですね。一説には“推し”は第三者に広めるという意味合いもあるようです[25]。推しの成長に自分を重ねている感じですかね?!　私はどこか冷めた目で見てしまうので、誰か推す人物（架空・実在を含む）がいるのは生活が豊かになりそうでうらやましいなと思います。ただし、そのためにお金を使いすぎてしまうことには要注意ですし、現実から目をそらさず、目の前にいる人にも無関心でいることなく、向き合っていきましょう。

7　生活設計・人生設計

Q14. なぜ働かなくちゃいけないの？

学生 岡野和香菜より

　　　　　　　働くことは、お金のため、生活のために必要な面倒なことだと思いますか？　私は大学のゼミで話し合う前までは、働きたくはないけど、生活していくためには仕方ないので働く、といった感じでした。

　働くことは人類誕生の時から**生存の営み**でした。働きは生存に必要な生活そのものといえます。古代ギリシャ時代では、労働は奴隷が行う苦役でしたが、ルターの宗教革命で転機が訪れ、労働に励むことが宗教的使命と捉えられました。そして、産業革命により、労働は神に正しく従えたことの証しとされました。1919年、国際労働機関（ILO）は労働者の権利を守り、公正な社会を目指して設立されました。フィラデルフィア宣伝（ILO, 1944）で「労働は、商品ではない」と示し、1999年、ILO総会で、働きがいのある人間らしい仕事で、労働における基本的権利と社会保障などの保護を十分に受け、人間らしい生活を継続的に営める人間らしい仕事を指す「ディーセント・ワーク」を活動の主目標と位置付けました。2015年、国連は「SDGs」においてディーセント・ワークを政策の中心とし、2019年、ILO創立100周年宣言では、AIなどの新技術による新たな働き方や雇用創出が幸福となるのか、新たな100年に向けて人間中心の「仕事の未来」へと宣言しています。このように労働観は時間の経過とともに移り変わっていき、多様化し複合化されています。

　1990年代後半からグローバル化が進む中で、日本の雇用状況も移り変わっていると考えられます。女性の年齢階級別労働力率が高くなっていて、結婚・出産後、離職しM字カーブとなることが特徴的でしたが、現代ではその特徴が薄れてきています。男女の格差はまだ問題視されていますが、女性の働き方は変化し、女性の労働力は重要になっていると推察されます。

　労働観や雇用状況などが変遷していく現代で、働くことは達成感や自己
成長、自己表現、社会貢献など、自分の生活を豊かにするものです。自分
自身を未来に向けて高めていけるものであり、社会とつなげてくれるもの
だと考えられます。

　世の中には、どのくらいの種類の職業があると思
いますか？　なんと1万8,725種類もの職業がある
そうです[26]。さらに、それぞれの職業の中での働き方
にもたくさんの選択肢があります。まだ出合ったこと
のない職業の中にも自分にピッタリと思えるものがあ
るかもしれませんね。

叶内T

　　　　　　　　　　　　　社会に身を置き、働くことは素晴らしいことです。
ファイナンシャル
プランナー（FP）　　　一方で、必ずしも働く必要はないかもしれませ
佐瀬孝至より　　　　ん。例えば、世の中には株などに投資を行い「お金
に働いてもらう」ことで、自分では働かずにお金を得ている人もいます。
　また、通称 FIRE（Financial Independence, Retire Early）と呼ばれ
る早期リタイアを目指す人も昨今は増加しています。他にも、1週間のう
ち少しだけ働いて、あとすべては趣味に時間を使う人もいます。なぜ働か
なくてはいけないのか。人間が活動をする上で、必要最低限の「衣食住」
を満たす資金があれば、個人がどこに幸福を求めるか次第で、答えは変
わってきそうです。

Q15.　どうしたら時代に合った幸せな生活ができる？

学生 小泉菜々子より　　　私は幸せな生活って、生きていくために十分なお
　　　　　　　　　　　金を稼ぐことができ、大切な人たちとともに食事や
睡眠ができて、顔をみて直接コミュニケーションのとれる生活と考えてい
ますが、皆さんはどうですか？
　人びとの幸福とは心身の健康と家庭生活の充実、自分の能力を活かしコ

ミュニティに貢献できる社会とのつながり、すなわち**ソーシャル・キャピタル**も大事な要素です。

　1950 〜 1970 年代前半までは、遊びの中で社会性や規範意識を身につけ、子どもたちは人とのコミュニケーションを自然に学んでいきました。これに対して現代の子どもたちの遊びは、少人数の集団でゲーム機やスマートフォンなどを使ったものに変化しています。これでは友達とのコミュニケーションも広がりません。また、子どもたちにとって家庭環境も大きく変化し、近年では共働き家庭や一人親家庭が増加しており、家庭におけるコミュニケーションの機会が少ない子どもが増加してきています。

　このように生活習慣が変化してきており、生活習慣の乱れが心身の健康や学習意欲などに影響を与えています。子どもたちが、自分にとっての幸せで最適な生活を送るためには、他人との比較ではなく自分はどのように生きたいのか、自分らしい生活とは何かをよく考えて過ごしていく必要があると考えます。

World Happiness Report（世界幸福度報告書）2023によると、日本の幸福度は 47 位だそうです。前年よりは順位が上がりましたが、主要 7 か国の中では最下位でした。国際的にはこのような数値が出ていますが、皆さん自身はいま幸せを感じているでしょうか。

叶内 T

幸せと感じられる条件は人によって違いますが、多様な人たちが暮らす社会の中で誰かと比べた幸せではなく、自分自身を軸にした、あなた自身の気持ちを大切にしていってほしいです。

　そもそも時代に合わせる必要ってありますか？　確かに日本でも戦後復興期にはとにかく経済成長をしてモノが豊富にあることが幸せになることでした。しかし、ある程度のモノが普段の生活に充足されると、モノだけでは心が満たされないことが分かりました。叶

齋藤 T

内先生がご提示くださった「世界幸福度報告書」[27]では主観的ウェルビーイングの測定方法として「生活評価」という枠組みを採用しています。主観的幸福の説明要因として、「一人あたり GDP」「健康寿命」「社会的支援」「人生選択の自由度」「寛容性」「腐敗のなさ」が挙げられます。確かに国の施策を考える上での指標になりますが、人によって幸福の基準は異なるはずです。私たちの生活文化や慣習に馴染まない点もあるかもしれませんね。

　自分が考える幸福度の基準は何なのか、生活哲学者になって再検討しましょう。孤高、孤立、忖度、利他、信頼などの「人間関係性」や、お金との付き合い、仕事、所属、安全性、助けを求めたいときの環境などの「社会関係性」を、自分らしい幸福のためにどう構築していけばよいか熟考しましょう。ライフステージごとに変化することもあるでしょうから、まずは良かれと思うことをやってみましょうよ。失敗したらやり直せばよいのです。

　さらに言えば、死を考えることで自分らしくどう生きるかが変わってくるかもしれません。私たちは必ず死ぬからこそどう生きるかを考え続けていかなければならないでしょう。

注
1)　日本家庭科教育学会編（2019）『未来の生活をつくる ― 家庭科で育む生活リテラシー』pp.60-61.
2)　一般社団法人日本流行色協会 HP、カラートレンド
https://www.jafca.org/colortrend/（最終閲覧日 2023 年 9 月 6 日）
3)　藤原辰史『縁食論―孤食と共食のあいだ』ミシマ社　2020。居酒屋や子ども食堂などにみられる食を通して、ゆるやかにつながることが大切なのではないだろうか。「家族や個人だけのがんばり」に押しつけないつながりが、ともに支え合う社会へと向かうことが期待される。
4)　ブリア・サヴァラン著、関根秀雄・戸部松実訳『美味礼賛（上）（下）』岩波文庫
1967
5)　赤利義弘・小林朋美・小林千鶴・食杉裕一・内藤義彦「成人における年代別・性別の共食頻度と生活習慣、社会参加および精神的健康状態との関連」『栄養学雑誌』73（6）

2015　pp.243-252.

6)　中田哲也「食料の総輸入量・距離（フード・マイレージ）とその環境に及ぼす負荷に関する考察」農林水産政策研究所レビュー No.11　2004
https://www.maff.go.jp/primaff/kanko/review/attach/pdf/040325_pr11_03.pdf（最終閲覧日：2023年9月18日）

7)　環境省「Virtual water」
https://www.env.go.jp/water/virtual_water/（最終閲覧日：2023 年9月18日）

8)　環境省「ウォーターフットプリント算出事例集」2014
https://www.env.go.jp/content/900545001.pdf（最終閲覧日：2023年9月18日）

9)　農林水産省「食品ロスとは」
https://www.maff.go.jp/j/shokusan/recycle/syoku_loss/161227_4.html（最終閲覧日：2023年9月18日）

10)　消費者庁「令和2年版消費者白書」2020　p.85
https://www.caa.go.jp/policies/policy/consumer_research/white_paper/as-sets/2020_whitepaper_0003.pdf（最終閲覧日：2023年9月18日）

11)　ユニセフ「世界の食料安全保障と栄養の現状（原題：The Latest State of Food Security and Nutrition in the World（SOFI）」報告書　2023
https://data.unicef.org/resources/sofi-2023/（最終閲覧日：2023年9月18日）

12)　農林水産省「食品ロスおよびリサイクルをめぐる情勢〈令和5年6月時点版〉」2023（最終閲覧日　2023年9月6日：https://www.maff.go.jp/j/shokusan/recycle/syoku_loss/attach/pdf/161227_4-3.pdf）

13)　日本ユニセフ協会「子どもの権利条約カードブック皆で学ぼうわたしたちぼくたちの権利」2022
https://www.unicef.or.jp/kodomo/nani/siryo/pdf/cardbook.pdf?210831（最終閲覧日：2023年9月6日）

14)　金融庁 金融審議会市場ワーキング・グループ報告書「高齢社会における資産形成・管理」2019

15)　草間俊介・畑村洋太郎『東大で教えたマネー学』文藝春秋　2008

16)　河邑厚徳・グループ現代『エンデの遺言 ─ 根源からお金を問うこと』講談社　2011

17)　ユニセフ「エグゼクティブ・サマリー児童労働2020年の世界推計、動向、前途」2020
https://www.ilo.org/wcmsp5/groups/public/---asia/---ro-bangkok/---ilo-tokyo/documents/publication/wcms_815231.pdf（最終閲覧日：2023年9月7日）

18)　特定非営利法人 ACE「日本にも存在する児童労働～その形態と事例～」2019
http://acejapan.org/wp/wp-content/uploads/2020/04/ACE_Report_Child_Labour_in_

Japan（J）.pdf（最終閲覧日：2023年9月7日）

19）　消費者庁「エシカル消費とは」
https://www.caa.go.jp/policies/policy/consumer_education/public_awareness/ethical/about/（最終閲覧日：2023年9月12日）

20）　Boston University HP, Inequity, Equality, Equity, and Justice
https://www.bu.edu/diversity/resource-toolkit/inequity-equality-equity-and-justice/（最終閲覧日：2023年9月12日）

21）　厚生労働省「飲酒や喫煙等の実態調査と生活習慣病予防のための減酒の効果的な介入方法の開発に関する研究　平成30年度総括・分担研究報告書」2019
https://mhlw-grants.niph.go.jp/system/files/2018/182031/201809016A_upload/201809016A0003.pdf（最終閲覧日：2023年9月8日）

22）　厚生労働省「まもろうよこころ」
https://www.mhlw.go.jp/mamorouyokokoro/（最終閲覧日：2023年9月12日）

23）　内閣府「令和5年版高齢社会白書」2023

24）　正木大貴「「推し」の心理：推しと私の関係」現代社会研究科論集：『京都女子大学大学院現代社会研究科紀要』2023　pp.53-62. コトバンク事典「推し」「オタク」これらを参照した。
https://kotobank.jp/word/%E6%8E%A8%E3%81%97-2132332（最終閲覧日：2023年10月7日）

25）　横川良明『人類にとって「推し」とは何なのか、イケメン俳優オタクの僕が本気出して考えてみた』サンマーク出版　2021

26）　労働政策研究・研修機構「第5回改定厚生労働省編職業分類職業名索引」2022

27）　John F. Helliwell, Richard Layard, Jeffrey D. Sachs, Jan-Emmanuel De Neve, Lara B. Aknin, and Shun Wang , "World Happiness Report 2023" ,
https://happiness-report.s3.amazonaws.com/2023/WHR+23.pdf（最終閲覧日：2023年9月18日）

■学生コメントに関する参考文献

Q1．「個性の尊重」なんて世間で言われるけど、なんとなくみんな同じような服を着ている感じがする。なぜかな？

佐藤真弓・齋藤美重子編著『自然と社会と心の人間学』一藝社　2020 の齋藤美重子「着て社会とつながるとは？」pp.68-71.

Q2．あなたが着ているその服は幸せな服？

佐藤真弓・齋藤美重子編著『自然と社会と心の人間学』一藝社　2020 の齋藤美重子「着て社会とつながるとは？」pp.68-71.

Q3．バランスのよい食事はなぜ必要？

大竹美登利ほか編著『家庭総合　明日の生活を築く』開隆堂　2022

佐藤真弓・齋藤美重子編著『自然と社会と心の人間学』一藝社　2020 の築舘香澄「生きるために食べるとは？」「おいしく食するとは？」pp.30-33, pp.98-101.

Q4．野菜はおいしいとは思えないけど、食べなきゃいけないの？　どうしたらおいしく食べられるの？

農林水産省「みんなで支える日本の食卓」

https://www.maff.go.jp/j/shokusan/think-food-agri/shisetsu.html（最終閲覧日：2023 年 6 月 12 日）

農林水産省「野菜をおいしく出荷する工夫を教えてください」

https://www.maff.go.jp/j/heya/kodomo_sodan/0105/11.html（最終閲覧日：2023 年 6 月 12 日）

村上篤子・大羽和子・福田靖子『調理科学』建帛社　2002　p.109.

渡邉早苗・山田哲雄・吉野陽子・旭久美子『スタンダード人間栄養学 応用栄養学 第 3 版』朝倉書店　2021　pp.79-80.

Q6．自分の住まいが落ち着くのはなぜ？

佐藤真弓・齋藤美重子編著『自然と社会と心の人間学』一藝社　2020 の佐藤真弓「心地よく住まうとは？」pp.102-105.

Q8．消費生活の裏側で起きてる問題ってなに？

大竹美登利ほか編著『家庭総合　明日の生活を築く』開隆堂　2022

佐藤真弓・齋藤美重子編著『自然と社会と心の人間学』一藝社　2020 の齋藤美重子「消費社会を生きるとは？」pp.50-57.

Q9．情報化、グローバル化する社会の中で私たちに必要なことは？

佐藤真弓・齋藤美重子編著『自然と社会と心の人間学』一藝社　2020 の齋藤美重子「情報社会を生きるとは？」pp.78-84.

Q10．他人に頼ることはいけないことなの？

佐藤真弓・齋藤美重子編著『自然と社会と心の人間学』一藝社　2020 の齋藤美重子「共

生社会を生きるとは？」pp.86-94.

Q13. "推し"を推すとどのような影響があるの？

　　https://www.showcase-gig.com/dig-in/oshikatsu/（最終閲覧日：2023年10月4日）

Q14. なぜ働かなくちゃいけないの？

大竹美登利ほか編著『家庭総合　明日の生活を築く』開隆堂　2022

佐藤真弓・齋藤美重子編著『自然と社会と心の人間学』一藝社　2020の齋藤美重子「働くとは？」pp.44-49.

Q15. どうしたら時代に合った幸せな生活ができる？

佐藤真弓・齋藤美重子編著『自然と社会と心の人間学』一藝社　2020の齋藤美重子「共生社会を生きるとは？」pp.86-94. 齋藤美重子「自分らしく幸せに生きるとは？」pp.110-117.

西村隆徳・吉田浩編著『新・教育の最新事情　第3版』福村出版　2020の宮下基幸「子どもの生活の変化を踏まえた課題」pp.82-83.

参考：学習指導案例 ― 本時を中心に ―

〇〇小学校　第6学年　家庭科　学習指導案

令和〇年〇月△日

第2校時 10時45分〜11時30分

6年1組　30名

授業者　飯田雅子

1　題材名「衣服のプロを目指そう！」

　　　　「B 衣食住の生活」(4)「衣服の着用と手入れ」ア（ア）、（イ）

　　　　およびイ

2　題材設定の理由

（1）児童観　省略

（2）教材観　省略

（3）指導観（部分省略）

① 授業内に実験や体験を取り入れる

　生活経験から考えるだけでなく、布の通気性、吸水性とすずしさについて調べる実験や、手洗いによるくつ下の洗濯の実習を行う。児童が、実感を得やすく、学習したことを生活で活かしていくようになるという効果がある。

② 身近な素材を扱う

　現代は、アイドルや芸能人などの推しに強い憧れを感じ、真似したがる児童が多い。そのため、服装が季節に合っていないとしても推しが着ていると同じようにまねてしまう。個人の自由だが、目的（TPO）に合った服装をすることは社会で重要であるため、児童が知識として得ておき、生活の中で生かせるようにしたい。

③ 効果的な ICT の活用

　現代は、小学生のうちからスマートフォンやタブレットなどの ICT を使用している。上手なネットの使い方ができるように授業内でも多用していきたい。インターネットからコーディネートを考えたり、自身でコーディネートが投稿できたりするサイトを授業の中で紹介していき、児童が主体的にそれらを活用できるように支援していきたい。併せて、情報モラルも考えさせたい。

3　題材の目標

・衣食住について、衣服の主な働きが分かり、季節や状況に応じた日常着の快適な着方について理解する。日常着の手入れが必要であることや、ボタンの付け方および洗濯の仕方を理解し、適切にできる。〔知識および技能〕

・日常着の快適な着方や手入れの仕方を考え、工夫する。〔思考力、判断力、表現力等〕

・家庭生活を大切にする心情を育み、家族や地域の人びととの関わりを考え、家族の一員として、生活をよりよくしようと工夫する。〔学びに向かう力、人間性等〕

4　題材の評価規準　省略

5　題材の指導計画（　6時間　）部分省略

時間	ねらい・学習活動	評価規準・評価方法		
		知識・技能	思考・判断・表現	主体的に学習に取り組む態度
1	〇すずしい着方の特徴に気付く。「どんな着方がすずしいだろうか」	①すずしい着方の特徴について気付いている。・ワークシート、行動観察		
2	〇すずしく快適な着方について理解し、日常着の手入れが必要であることやボタ	①すずしく快適な着方について理解している。②日常着の手入れが必要であること		

	ンの付け方および洗濯の仕方を理解する。「暑い季節を快適にしよう」	や、ボタンの付け方および洗濯の仕方を理解している。・ワークシート		
3	○手洗いでの洗濯の仕方を知り、計画を立てることができる。「暑い季節を快適にしよう」	①手洗いでの洗濯の仕方を知り、計画を立てることができる。・ワークシート		
4	○手洗いでの洗濯ができる。「暑い季節を快適にしよう」	①手洗いでくつ下の洗濯を適切にできる。・ワークシート、行動観察		
5	○日常着の快適な着方を工夫し、衣服の着用と手入れについて、課題解決に向けて主体的に取り組み、生活を工夫し、実践する。「あるときの服装を想像してみよう」		①日常着の適切な着方を工夫している。・ワークシート	①衣服の着用と手入れについて、課題解決に向けて主体的に取り組み、生活を工夫し、実践しようとしている。・ワークシート、行動観察
6（本時）	○対象の服装について、季節や目的に合った服装を考えることができる。また、衣服の着用について、課題解決に向けて主体的に取り組み、生活を工夫し、実践する。「推しのスタイリストになってみよう」		①状況に合った日常着の適切な着方を考えている。・ワークシート・発表	①衣服の着用と手入れについて、課題解決に向けて主体的に取り組み、生活を工夫し、実践しようとしている。・ワークシート

6　本時の学習（　6　／　6　時間　）

（１）小題材名　「推しのスタイリストになってみよう」

（２）本時のねらい

　　・季節や目的に合った服装を考える活動を通して、状況に合った日常着

の適切な着方を表現、工夫できるようにする。〔思考・判断・表現〕

・衣服の着用について、課題解決に向けて主体的に取り組み、生活を工夫し、実践しようとする。〔主体的に学習に取り組む態度〕

（3）本時の展開

時	学習活動	指導上の留意点	評価場面・方法
導入5分	1. 本時の学習のめあてを確認する。	○児童が前時とのつながりをもち、興味をもつような素材にする。 ・アイドルや芸能人の全身写真を見せ、服装に関しての感想を聞く。 ・児童の推しを事前に聞いておく。	
	推しのスタイリストになってみよう		
展開30分	2. 芸能人の写真を見て、どの季節の服装に適しているか理由も踏まえて考える。（個人） ・この服装は通気性の良さそうな服を着ているから夏のコーデ。 3. 2で考えたことをグループで話し合い、発表する。 ・なぜ？ を重要視し、発言する。 4. テーマに合ったコーディネートを考える。（グループでジグゾー法を用いる） ・タブレットを用いて、「ファッションコーディネートWEAR」から服を選ぶ。 ・選んだ服をスクリーンショットし、教師に送る。 5. 4で考えたコーデを発表し合う。 ・教師がプロジェクターで映した写真を見て発表をする。 ・発表を見たグループは感想を述べる。	○ワークシートを配布。 ○パワポで写真を提示し、後ろの児童も見やすいよう配慮する。 ・複数の男女の写真を用いて、男女ともに服装を想像し、季節ごとにまとめられるようにする。 ○アウターなどの難しい言葉は、説明を交える。 ○「ファッションコーディネートWEAR」（サイト）を使うよう指示する。 ・事前にアンケートをとって決定したグループの推しをモデルにし、スタイリングをより身近に感じられるようにする。 ・選んだ服をスクリーンショットし、教師のタブレットに送るよう指示する。 ・写真をTVで表示し、全体で確認しやすくする。 ○授業後ワークシートを回収し、4、5の部分を見て評価できるようにする。 ○時間がない場合は、発表を来週にする配慮をする。	■評価方法【ワークシート、行動観察】思考・判断・表現① ■評価方法【ワークシート】主体的に学習に取り組む態度①
まとめ7分	6. 本題材の学習を振り返る。 ・学習を振り返り、感想を書く。	○自分で考えられるよう、できるだけ多めに時間をとるよう工夫する。	

（4）本時の評価

観点	おおむね満足できる状況（B）と判断される児童の姿	支援を必要とする児童への手だて
思考・判断・表現① 主体的に学習に取り組む態度①	・季節や目的に合った日常着の適切な着方を考え、コーデとして表現、工夫している。 ・児童が考えたコーデについて、課題解決に向けて主体的に取り組もうとしている。	・タブレットの使用を助言する。 ・視覚的に分かるよう写真を活用する。 ・グループワークを行い、助け合える環境をつくる。 ・明確で端的な指示をするよう気をつける。

※本時のパワーポイント資料は P.1 の QR コードから見られます。

参考：第1学年 高等学校家庭科「家庭基礎」学習指導案例

令和○年○月△日

第2校時 9時40分～10時30分

1年1組 40名

授業者 垣田知秀

1 題材名 賢い消費者市民になろう！

2 題材について
（1）教材観
　　　省略
（2）生徒観
　　　省略
（3）指導観
　　　省略

3 題材の指導目標
　○契約、悪徳商法、消費者保護制度、支払い方法などの消費行動について理解できる。
　○契約についての課題などの消費者問題解決に向けて、課題を見つけ、その解決に向けて思考し判断すると共に、それらを表現することができる。
　○消費についての課題に気づき、よりよい消費社会に向けて、学習に積極的に取り組むことができる。

4　題材の評価規準

観点	知識・技能	思考力・判断・表現	主体的に取り組む態度
趣旨	○契約などの消費行動とその課題について理解している。	○消費についての課題を見つけ、その解決に向けて思考し、判断するとともに、それらを表現している。	○消費についての課題に気付き、よりよい消費社会に向けて、学習に積極的に取り組もうとしている。

5　題材計画

時配	主な学習内容と活動	評価規準・評価方法		
		知識・技能	思考・判断・表現	主体的に学習に取り組む態度
1	契約について知ろう	○		
1	大丈夫？　その契約	○	○	○
1	さまざまな支払い方法	○	○	
1	消費者市民になろう！		○	

6　本時の学習指導

（1）小題材名

　　消費者市民になろう！

（2）本時の学習目標

　　消費者の立場から、よりよい消費者市民社会の実現のための行動を思考し、判断し、表現する。

（3）展開

過程	分	学習内容と活動	指導・支援（○）評価（◇）	資料
導入	5	・前時の振り返りをする。	○前時の学習を振り返る。	前回のワークシート
		消費者市民になろう！		
展開	40	・チラシや広告の例を出し、怪しいところや勘違いしてしまう箇所を示す。 ・各班の広告の中で、どこが怪しいか、勘違いしやすいかの箇所を探す。 ・グループごとにまとめ、クラスで発表して共有する。	○チラシや広告に信憑性があるのか、勘違いしてしまう箇所がないかを気付かせる。 ○チラシ、広告の実態を考えさせる。 ○消費者市民として、事業者側に批判的な視点を持つことの必要性と、単なる好悪を区別できるよう指導する。	チラシ2枚 ワークシート 各班チラシ1枚 パワーポイント
結論	5	・学習のまとめをする。 ・消費者市民の行動について考えたこと、感じたことをまとめる。	○契約などの学習から、経済的な自立について考えさせる。 ○消費者が主体となって、消費社会を作っていくことの意義を確認させる。 ◇消費者の立場から、よりよい消費者市民社会実現のための行動を思考し、判断し、表現している。	ワークシート

（4）本時の評価

　消費者の立場から、よりよい消費者市民社会の実現のための行動を思考し、判断し、表現している。〔思考・判断・表現〕

※本時のパワーポイント資料はP.1のQRコードから見られます。

第5章

麻布高等学校ヤングケアラーを題材にした授業
― 高校生の想い ―

　本章では高校生や大学生が共生やケアについてどのような想いを抱いているのか、ヤングケアラーに関する授業プログラム全8回（計16時限分）を終えた高校生の感想を記す。

I　授業概要

　麻布高校の授業名「教養総合」の選択授業の一つとして行ったものである。「教養総合」の概要は①〜⑦のとおりで、生徒が70以上ある講座から1・2・3学期にそれぞれ選択できる授業である。

```
■概要
①高1・高2を対象とする
②1回の授業は、土曜日3・4限110分授業（休憩を含む）
③選択授業
④縦割り授業
⑤各学期それぞれ7〜8回で完結
⑥出席義務あり、履修規定に基づく単位認定
⑦高等学校学習指導要領（平成30年告示）「総合的な探究の時間」に相当する
```

　2004年度から始めた「特別授業」を2007年度以降「教養総合」という名称に変えたもので、この授業が導入された当初の校長であった氷上信廣氏は、「生きる歓びの大半は知り、考え、感じることであるにちがいない」という書き出しに始まり「古き自分を脱ぎ去って…よく生きるために」と、『教養総合ガイドブック』でその意義を生徒たちに語っている。また、教員による「教養総合委員会」では、「教養総合」の趣旨を次のように述べ、生徒の積極的な参加を促している。本実践はこの「教養総合」の一講座である。

　　「教養」とは、自然や社会あるいは文化といった私たちの世界へのより深い関心とより広い視野、そしてそれを支える知識をさします。簡単には手に入れることはできませんが、勉学をとおして身につけるべきものです。そのために、まずなにより各教科が設置している系統的な積み重ねの学習があります。この「教養総合」は、その基礎のうえに置かれています。各教科の授業と「教養総合」とは、相互に補い合う関係にあります。（中略）また、名称の中に「総合」という言葉が加えられているのは、個々の多様な課題への取り組みが、全体として「教養」へのアプローチになると考えるからです。

　　　　　　　　　　　　　　　　　　　　　　　　　　　（教養総合委員会）

タイトル：ヤングケアラーって何？ ― ケアラーのための企画を考えよう ―
授業実施期間：2021年12月4日（土）〜2022年2月26日（土）全8回（うち対面授業6回、コロナ禍におけるオンライン授業2回）
参加者構成：　高校1年生（4人）、高校2年生（1人）、大学生（上西里佳、川村菜奈子・鈴木志歩・小川愛海）、大学教員（齋藤美重子、佐藤真弓、叶内茜）、麻布子ども中高生プラザ館長佐野真一、アテンド高校教員谷口博香
授業カリキュラム：表5-1

表5-1　ヤングケアラー授業カリキュラム

回	主な学習活動・内容
1	高校生と大学生との交流・オリエンテーション ・アイスブレーキング ・事前アンケート ・校内見学
2	ケアとは何か（講義および生徒・学生の発表・コロナ禍によってオンライン授業に変更） ・ケア概念の変遷と現状（調べ学習＋講義） ・ヤングケアラーの語りから人生の変遷を辿る（発表）
3	ヤングケアラーの語りから考える（コロナ禍によってオンライン授業に変更、ブレークアウトセッションによるグループ学習） ・『ヤングケアラーわたしの語り』から、4人1班（ブレークアウトセッション）になり、2名のヤングケアラーのTEM図（複線径路等至性アプローチ）を作成して起点を探る。 ・全体に戻り発表し、ヤングケアラーの課題と方策を探る
4	ヤングケアラーとの対話 ・ヤングケアラーとオンラインでつながり、対話する
5	ヤングケアラー支援策を考えよう（対面グループ学習） ・ケアラーのための企画案の検討およびプレゼンテーション準備
6	ヤングケアラー支援策を発表しよう ・ケアラーのための企画プレゼンテーション・コンペティション ・元ヤングケアラーの語りと審査・講評
7	ヤングケアラーのための企画実施に向けた作業 ・ケアラーのための企画案の再考と実施に向けた作業
8	ケアに対する再考（ゲストティーチャーを招いたディスカッション） ・子どものケアにかかわるゲストティーチャー「港区立麻布子ども中高生プラザ」館長の佐野真一さんとのディスカッション 「児童館ではどのような思いで活動を行っているのか？」「なぜ今ヤングケアラーが話題になっているのか？」 ・事後アンケート ・レポート課題

　高大連携企画で、ゲストティー
チャーにはヤングケアラーの大学生
や、子どもの遊びを通して成長に関
わる児童館の館長、大学教員など、
多様な年代の多様な意見によって刺
激を受け合えるように計画した。ま
た、第2回を除きすべて対話型授業
で行った。

写真 5-1　オンラインでのヤングケ
　　　　　アラーとの対話の様子

　表5-1の第4回授業時にオンライ
ンでつないだヤングケアラーＡさんの家族構成は、共働きの両親とＡさ
ん、5歳下の弟、10歳下の弟の5人家族である。Ａさんの日常は、朝早く
仕事に出ていく母が作った朝ご飯を温め直して弟が食べ終わった後の後片
付け・食器洗い、洗濯・洗濯物干しをして学校に行き（遅刻も多かったそ
う）、帰宅後は洗濯物を取り込みたたんで各自のタンスにしまい、掃除を
しているうちに下の弟が保育園から帰ってくるので、その弟の世話をして
一日が過ぎるという。高校や大学の選択基準は家から近いことだったよう
で、生徒から驚きの声が上がった。しかし、Ａさんは確かに時間的な制約
はあったが、それを卑下することなく、むしろ生活能力が高くなり他人に
共感することや配慮することができるようになったので、「かわいそうと
言わないでほしいし、特別扱いはしてほしくない」と語っていた。Ａさん
の語りにより、生徒にはケアの両義性への気づきがもたらされた。

　その後、ヤングケアラーのために自分たちができる企画を考え、実行し

写真 5-2　話し合いの
　　　　　様子

写真 5-3　発表の様子

写真 5-4　卒業式にて
　　　　　発表

た。1班はヤングケアラーという言葉の周知を促すためのカードの作成を
もう1班はツイッターでヤングケアラー同士が語り合える場を提供するこ
とであった。

　ヤングケアラーとの対話や、大学生、大学教員、児童館の館長、高校生
同士など、多様で年代の異なる人びととの対話のある授業カリキュラムを
通して、生徒・学生たちはケアや共生に対する学びを自分ごとにし、課題
意識を持ち、企画に向き合った。

　ヤングケアラーのための企画にはケアラーの気持ちに寄り添い、当事者
同士が語り合えるコミュニケーションの場を提案したり、そもそもヤング
ケアラーについて何も知らない人が多いという課題に対して、ヤングケア
ラー周知のためのカードづくり（図5-1）や学校全体に向けた生徒への呼
びかけ（写真5-4）を行った。

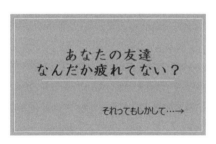

図5-1　生徒たちが作ったヤングケアラー周知のためのカード
（左が表、右が裏面）

2　生徒の学びと共生・ケアに対する想い

　本節では前節で示した生徒の学びを実感してもらうべく、この講座を
受講した当時の高校生の最終レポートのうち、了承を得た4人の記述を原
文のまま次に示す。自分を見つめ直し、対話の重要性を説いた石原稜雅さ
ん、正義の倫理からケアの倫理を語ってくれた浅賀崇之紀さん、ヤングケ
アラーに対する思いや企画についての想いを率直に述べた井上拓海さん、

ケアラーとのフラットな関係性を重視し、共生とケアとの関係性について熟考した加藤稜大さんである。

誰かと話すことの大切さ
麻布高校　石原稜雅

はじめに

　僕が日常生活の中で一番大切であり、かつ最も幸せを感じることであると考えるのは、自分以外の誰かと話すということです。

　以前からそういう風に考えてはいましたが、今回ヤングケアラー支援をするにあたって改めて考えさせられました。これはケアや共生とも深く関わることであり、僕自身そこまでできていないことです。

　以下では、僕がそう考える理由と、今回のヤングケアラー支援でなぜ改めて考えることになったのかについて説明していきます。

その1　人生を振り返る

　まず、僕がどうして他者との会話が重要であると考えるようになったのかということについて、僕の今までの人生で何があったのかとともに説明していきます。

その1-1　幼稚園時代

　僕の最も古い記憶は、幼稚園の年少まで遡ります。その時何があったのかは今でも覚えています。

　それは歌の時間でした。最初は全員立って歌うのですが、教諭の人が、歌声の聞こえた順番で生徒を座らせていくのです。そして、僕は最後まで残りました。おまけに一人で延々と歌わされ続けたのです。一人残されるまで何が起こっているのかわかりませんでした。そして、座らせてもらえるまで泣きながら歌い続けました。

　その後は地獄でした。怒られる恐怖に怯え、誰とも話さず、話せず、た

だ家に帰るのを待つ日々。無為の時間を過ごすのは相当辛かったです。

　また、僕が他者と話すことを重要だと思うのはこの経験によるところが最も大きいです。やはり他者と話さず一人でいるのは寂しいし、面白くありません。それに、人と話さないでいるといつまでたってもコミュニケーション能力が進歩せず、ますます人と話せなくなり、気分が落ち込むという悪循環に陥ります。

その1-2　小学校時代

　このように幼稚園時代は最悪な時間を過ごしたわけですが、小学生になってからは多少変化がありました。

　まず友達ができました。通学路が同じ2人と仲良くなり、彼らとは6年生まで一緒に帰ったり、遊んだりしました。ただ、それでも根本の性格は変わらなかったようで、低学年のときは、その2人とばかり話していました。そして、高学年のときは、人と 喋 ること自体は低学年のときよりできるようになりましたが、相変わらず人付き合いは下手でした。

　小学校時代は比較的安定していましたが、結局最後まで人並みのコミュニケーション能力は身につきませんでした。

その1-3　中学時代

　その後、僕は中学受験を経て、麻布学園に入学することになりました。しかし、自分から他者に話しかけられず、話しかけられてもうまく話せず、結局友達ができないという状況は小学生時代と変わりませんでした。

　そして、中2になると状況は悪化します。僕は鬱っぽくなり、元々の神経質な性格も合わさり、精神状態は最悪になりました。さらに悪いことに、さまざまなミスが重なって部活にも行かなくなり、精神状態の悪化に拍車がかかりました。その結果余計にうまく話せなくなり、そして、また精神状態が悪化して…という繰り返しです。そんなときでも希望はありましたが、やはり人と話すことは大事だなと思わされました。

　この状況が変わったのは中3になって喋る相手や機会が増えてからで

す。人と喋ると精神状態は回復するんだなという教訓を得たのはこのとき
です。

　総じていうと、中学生時代は精神的に落ち込んだ時期もあり、すべてが
良かったわけではありませんが、今後の人生において有益な教訓を多く得
られたと言えるのではないでしょうか。

その1-4　高校時代

　高校生活はコロナで始まりました。6か月ほどの休校期間がありました
が、その間は家族以外と話すことはほとんどありませんでした。それで
も、中3のときに、いろいろな人と話していたためか、意外にも一人でい
る時間も大切だなというふうに考えることができました。ただやはり、学
校が再開してからのクラスメイトと話す時間は楽しかったです。

　高1と高2のときは、中3のときほどではありませんが、多くの人と話
しました。また、それなりに仲の良い人も何人かできました。

　こうしてみると、他の時代と比べて高校時代の内容が薄いようにも見え
ますが、それは、人と話すことにおいての悩みがあまりなかったからだと
思います。人になかなか話しかけられないということについては今でも重
大な課題ではありますが、話しかけられれば普通に話せるし、まったく話
しかけられないというわけではないので、進歩を感じます。

その1-5　まとめ

　今回僕は、この機会を利用して、自分の過去を整理してみようと考えま
した。正直な話、僕は中学時代や高校時代で多くの失敗や挫折を経験して
きました。しかし、それを断片的に思い出して後悔するよりは、まとめて
振り返り、教訓や、失敗によって生じた成長を確認した方が僕にとって良
いことなのではないか、そういうふうに思ったのです。

　そして、その教訓についてですが、人と話すことは大事だという点に
尽きると思います。やはり人と話すのはとても楽しいことです。ある意味
ゲームやスマホをするよりも楽しいです。また、成長についてですが、こ

れについては、昔に比べてはっきりとした進歩があると思います。前に書いた通り、昔の僕はとても神経質な性格でした。人と話すときもそれが災いして、どうしても気軽に話すということができませんでした。しかし、今では過度に周りを気にすることもなく、気軽に話をすることができます。

その2　ヤングケアラー支援を通して感じたこと

　ここでは、ヤングケアラーについて学ぶうちに感じたこと、ヤングケアラー支援を考える中で感じたことを書いていきます。

その2-1　ヤングケアラーについて学んで

　僕がヤングケアラーについて学んでいくうちに感じたのは、やっぱり人と話すことは大切だな、ということです。ヤングケアラーに該当する人たちが抱えている問題はさまざまですが、その中で僕が最も気になったのは、ヤングケアラーであることを相談している人の割合が低いことです。相手がヤングケアラーについて知らなくても、困難を他人に話すだけで、心の負担は減りますし、そういう相談をしなくても、誰かと話をして、ホッと一息つける時間があるだけで精神的にはかなり大きいと思います。

その2-2　ヤングケアラー支援を考える中で

　今回の授業で、僕たちは2つの班に分かれて支援策を考えました。結果的にはどちらの案も採用ということになったのですが、その過程は僕に多くの気付きを与えてくれました。

　その中で特筆すべきは、人と話すことはやっぱりとても楽しいし、年齢なんて関係ないということです。

　先に述べたように僕は中2の途中からずっと帰宅部なので、年上や年下の人と喋るという経験がほとんどありませんでした。そのため、最初は、同輩がおらず、皆高1か大学生という状況は怖かったですし、緊張しました。しかし、同じ班の井上くんと島田くんとは同級生と話すのと同じよう

に話すことができ、とても楽しかったですし、違う班の浅賀くんと加藤くんとは話す機会はそんなにありませんでしたが、発表の際には普通に意見を交換しあえたと思います。また、サポートしてくださった大学生の皆さんはとても優しく、自然に接することができましたし、先生方からも温かい助言をいただきました。

　本当に多くの人と関わり、話すことができ、とても楽しかったです。

その2-3　まとめ

　僕にとっての教養総合はこれが最後でした。わかっていたこととはいえ、少し寂しいです。でも、最後にこんなに素晴らしい授業を受けられ、嬉しさと感謝の気持ちでいっぱいです。本当にありがとうございました。

その3　全体のまとめ

　これまで長々と書いてきましたが、僕が言いたいことはただ一つ、人と話すということは、何にも代えがたく大切なものであるということです。これからも、それを胸に刻んで生きていきたいと思います。

ケアラー支援策の考案を通して
麻布高校　浅賀崇之紀

はじめに

　唐突だが、私はこれを書いている現在、麻布中高の討論部というところに所属している。討論部は、社会問題について討論を通じて多面的に考える、を活動理念とするサークルである。日々多くの社会問題について、ディベートやディスカッションを通じて議論を深めている。そして、私がこの「ヤングケアラーって何？」を受講しようと考えたのも、社会問題についての見識を深めるためであった。私は中学１年の頃からこのサークルに所属しているが、ヤングケアラーに関してはほとんど理解がなかった。

　受講する前、私は「『ケアラーのための企画を考えよう』といっても、

これは児童労働の問題で、政府や公的機関の機能不全が原因じゃないか。そこを指摘して、よりよい政策を考えれば良いか」などと思っていた。要するに、ヤングケアラー問題について、「政策に欠陥のある政府と、その害を被っている子どもたち」という構造でのみ捉えていたのだ。

受講を通じて

　講義が始まってからも、その考え方は続いた。例えば、齋藤先生から頂いた『ヤングケアラー　わたしの語り』を読んでも、語りの執筆者の方々についてどこか「社会問題の登場人物」のように捉えていた節があった。「確かにヤングケアラーの事例は多様なもので、扱うのが非常に難しい。しかし、問題の構造を見抜き、原因を探り当てれば、このような被害は未然に防止できるだろう」と。

　しかし、実際にケアラーのための企画案を考えたり、元ケアラーの方とお話したりする機会があったことで、その考え方に少し変化があった。いま自分が「ヤングケアラー」と一括りに扱っている彼らは、ただの「社会問題の登場人物」なんかではなく、「いま」「そこにいる」一人の人間なのである、という視点を得たのである。この視点の追加によって、「ケアラーのための企画案」についても、「社会問題をどう解決するか」という観点だけでなく、「一人の人間をどうサポートするか」という観点からも考えようと思うようになった。

　その結果私が考え付いたのが、「当事者コミュニティの形成」という案であった。学生である私たちが「『いま』『そこにいる』一人の人間」の悩みや負担を僅かでも取り除くことができるとしたらそれは、公的機関による上からの支援を促すことや、社会へ訴えかけることではなく、当事者同士でのコミュニケーションの場を作ることであると思ったのだ。そして、その考えも取り込んだ最終的な企画案が「SNS の活用」だった。果たして成果は出ているだろうか。

課　題

　ただ、当事者同士でのコミュニケーションによってすべての負担が取り除かれる訳ではない。当然、ヤングケアラー達は（「社会問題」とされる程に過剰な）ケアを背負っている。それが子どもの心身の健康や権利を侵害しているようであれば、行政によって何らかの手段を取らなければならない。しかし、公的な支援策は、まだまだ不十分であるというのが現状だ。厚労省によれば、早期発見・把握、支援策の推進、社会的認知度の向上などの策を講じるようだが、これが成果を挙げるかという点には強い疑義の念を抱かざるを得ない。

　そしてこの問題をより深刻にしているのは、社会における「自分ごと」であるという意識の不足だ。「ヤングケアラー」という語・概念の認知度が低いことは往々にして指摘されていることである。しかし、それによって発生している事態は、当事者の自己認識の欠如や、支援の遅れだけではない。

　「ヤングケアラー」概念の認知・理解が進まず、ケア当事者の「自分はヤングケアラーである」という認識が欠如すると、ヤングケアラーが発見されなくなってしまう。すると、ヤングケアラーが実際にどの程度いるかを体感できず、「自分の周囲にそんな人はいない」という意識が生まれてしまい、必然的に無関心になってしまう。そうなれば、メディアで取り上げられたりすることや、選挙の争点になるようなこともなくなってしまう。結果、法整備やヤングケアラーへの理解も進まなくなり、ヤングケアラーに優しくない社会が構築されてしまうのだ。

　さらに、そもそもヤングケアラーは、定義上、どんな子どもでもなる可能性がある存在だ。要するに、すべての子どもや家庭にとって、常に「自分ごと」である話題なのだ。だからヤングケアラーに優しい社会を構築することは、すべての子どもや家庭にとってメリットのある行いのはずだ。しかし、社会において「自分ごと」意識が不足していることによって、現在ケア当事者である子どもに負担を掛けているばかりか、自分の首を絞めかねない状況を自分で作り出してしまっているのである。

おわりに

　稚拙な文でダラダラと話してしまって非常に申し訳ない。最後に、これからの話を少しだけさせて頂きたい。

　主にこの文章では、「ヤングケアラーは『社会問題の登場人物』ではなく、『いま』『そこにいる』一人の人間なのだ」という話と、「社会における『自分ごと』意識の不足が状況をより深刻にしているのだ」という話をしてきたと思う。これらの話から何か導けるとすれば、目の前にある社会問題に対して、リアリティや当事者意識を感じつつ、積極的に議論をすべき、ということだろうか。

　私はいま学生という身分であり、ヤングケアラー支援のために身を投げ出せるほどの余裕は残念ながら持ち合わせていない。他の学生や大人だってきっとそうで、人間にはそれぞれのキャパシティというか、守備範囲みたいなものがある。手の届く長さとも言えるかもしれない。だから実際に支援のために行動を起こすことは皆にとって非常に難しいことだ。

　しかし、ヤングケアラー問題をはじめとした社会問題について「誰かと議論する」ことならばできる。それを部活としてやっているのが先ほどの「討論部」という組織であり、授業として行ったのがこの「ヤングケアラーって何？」という講座だった。討論部でそれが叶うことは少ないが、授業では、元当事者の方とお話しする機会があったことで、目の前の問題に対してリアリティを持つことができた。そしてそれが議論に新しい視点を与えてくれた。

　自由と民主主義の名の下にある私たちの政府は、残念ながら十分な働きをしていない。だからこそ、「誰かと議論する」ことだけは諦めたくない。積極的に社会問題に関わり、周囲と議論を交わせば、いつか、皆の短い手と手がつながり、「いま」「そこにいる」人に届くと信じている。

ヤングケアラーについて学んで

麻布高校　井上拓海

　ヤングケアラーとは何か、講座を取るまではケアとはどこまでを指すのか、手伝いとはどのように違うのか、どんな問題があるのかなどまったくと言っていいほど知らなかった。軽く説明を聞いた感じで困るのはわかるが、どのように支援したらいいか、問題の本質は何なのかについてが特にわからなかった。そんな中で講座が始まったのだが最初にやったことはヤングケアラーの実体験について書かれた本を読むことだった。それを読む中で僕が感じたのは「意外と辛い、苦しいと言う言葉が出てこない」ということだった。もちろん本の中には壮絶な体験談が語られているのだが、「家族のためになるならあまり苦にならなかった」「自分が世話をするのが一番いいと思ったし当然だと思った」「辛いことばかりではなかった」などと否定的でない意見がいくつかあった。これを読んで、自分はこれまで視野が狭かったのだと感じた。本を読むまでは、どこかで世話をするのは大変なことだと言う固定観念があり、それを行う側の人については何も考えていなかった。もちろんヤングケアラーとして、家族の世話をすることが苦痛になっている人はいるだろうし、そのような人を助けることが最優先であることは間違いない。

　しかし、中には世話をすることが好きな人もいると言うことを理解することも大事ではないだろうか。今の日本では学歴が重視されており、いい大学を出ることを大事なこととする風潮が強いように感じる。しかし、人にはそれぞれ違った目標があり、それを実現させるのに最適な方法にも違いがあると思う。現段階では、人に相談するとケアをやめて施設に預けたりすることを提案されるが、本当にケアがやりたいと思っている人に対しては、それを支援する提案をしていけるようになるといいと思う。家族に対するケアの経験は、介護士などそれを生かせる仕事もあるうえ、今後の生活にとっても意味のある経験になるはずだ。そんなケアラーの中には家

族の世話が忙しくて近い学校を選ぶしかない人や、常に家族の面倒を見なければいけないため集中して勉強する時間を取ることすら難しい人がいる。そんな人の生き方を否定するのではなくて、できる限りのサポートをする社会を目指していくべきだと思った。

　次に自分が感じたのは、ヤングケアラーという単語やそれに関することに対する知名度の低さだった。何も関係ない人だけではなく、当事者であるヤングケアラー自身ですらそのことを自覚していないことがザラにあることを知った。理由の一つとしてはケアラーである実情を、恥ずかしいなどの感情が邪魔してなかなか周りに言う人がいない点が挙げられると思う。もし、人に言っても有効な支援策を提案してくれる可能性はきわめて低いだろうし、余計な心配をかけたくないという気持ちもあるだろう。そんなケアラー達に「言ってくれなければわからない」というのは少々酷な気がする。周りの人達が少しでもケアラーかもしれない点があれば、それを伝えてあげるシステムを作るべきだ。

　今回、われわれは、講座のまとめとしてヤングケアラーというものの認知度を広めるためのカードを作った。これは、少しでも多くの人にヤングケアラーを知ってもらって、助けられる可能性を増やしていこうという考えのもと行ったことである。作ったものに対しての反応としては、困っている人に対して連絡してほしい場所に児童相談所を入れたため「大ごとになりそうで嫌だ」「あまり大人に相談したくない」などの意見をいただいたのだが、大きな目的である認知度向上という点に関しては、ある程度の評価を得られた。最後に、この講座を通して自分は人の意見を一度聞いてみること、正しい情報を多くの人に伝えることの大切さを知ることができたと思う。

ケアと共生

麻布高校　加藤稜大

ケアラー支援策の企画を通して

　私はこの講座を受講するまで、ヤングケアラーという単語をまったく知らなかった。その概要を知って、初めてテレビの特集などでヤングケアラーが取り上げられていることに気づいた。また、友人がケアをしているという話もほとんど聞いたことがなかった。将来自分の親をケアすることになるかもしれないという自覚もなかった。自分とケアという行為はほぼ無関係であると思っていた。

　ヤングケアラーの本や元ヤングケアラーの方の話によってわかったことは、ヤングケアラーたちはそもそも自分がヤングケアラーであるという自覚がなく、ケアによって勉強や人間関係に支障が出ていることを誰かに相談していないことが多いということだ。ケアをすることで自分が周りの人間とずれていると感じることや、学校に遅刻してしまうことなどを「そういうもの」だと認識していて、それが日常になっているのだ。中でも印象に残っているのは、元ヤングケアラーの方から「高校は家の近くにある所を選んだ」と聞いて、学校を校風で決めた自分との違いを感じたことだ。

　このような状況だと、国に相談しようという気にならないのは当然だと思った。自分がヤングケアラーであるという自覚がないのに加え、国に相談したところでケアをすることが当たり前になっている日常が変わるとは考えづらいからだ。厚生労働省のヤングケアラーについてのホームページを見てみると、ヤングケアラーとはどのようなものかといった内容がずらずらと書かれていて、敷居が高いという印象を受けた。これは、ケアラーを「支援してあげる」というような上から目線の支援になっているのが原因だと思う。

　そしてこのことは、ケアラー支援策の企画をするにあたって最も気をつけたことだ。ケアラーと同じ目線でないと、ケアラーに寄り添った支援は

できない。次に、自覚のないヤングケアラーたちに自分はヤングケアラーかもしれないと気付かせるのが必要だと考えた。そして、ヤングケアラー以外の人にヤングケアラーについて知ってもらうことも重要だ。ケアラー以外の人がヤングケアラーについて知っていれば、ケアラーからの相談に乗りやすくなるだろう。

　しかし、ヤングケアラーのケアが日常に組み込まれているという状況を改善するという点での支援には限界があるようにも感じた。ヤングケアラーを周知することやSNSによってケアラーのコミュニティを形成したとしても、ケアラーの生活を直接変えることにはつながらない。また、「自分の家族のことは自分でなんとかしなければならないという意識がある」という話を聞くと、ケアサービスなどを利用してケアラーの時間的な余裕を作っても、ケアラーがケアをすることによる自己実現は達成できないため、ケアラーの精神的な面まで支援するのは難しいように思う。

「ケア」、「共生」について

　私はこれまで「ケア」や「共生」という言葉について深く考えたことがなかった。前述したように、ケアという言葉の当時の認識は、「病人や高齢者の世話をする」程度のものであった。また、共生については、字の通り「共に生きる」という意味だと思っており、それ以上の意味があるとは考えていなかった。講座を受けたことで、これらの言葉についての理解が深められたと思う。

　まずケアには身体的な世話だけでなく、思いやりなどの広い意味があることを知った。自立した人間、すなわち自力で身体的に生活できる人間が、そうでない人間を身体的に世話をすることだけではなく、自立した人間同士が精神的に支え合うといったこともケアなのだと思った。

　次に共生についてだ。私は共生とはすべての人が不自由なく生きるということだと考える。不自由なく生きるには身体的にも精神的にも充足している必要があるため、それにはケアが不可欠だと思う。そのため共生を実現するにはケアが必要であり、ケアラーへの支援が重要だと感じた。

3　授業カリキュラムをとおして

　授業開始前の大学生たちは、世間で頭が良いと言われる高校生たちを相手にどう接すればよいのか不安を抱きながら高校へ赴いた。また高校生たちも、年上の女子大生に何を話せばよいのか困惑しながらもモチベーションアップにもなっていたようだ。たどたどしい対話から、コロナ禍でのオンライン授業では通信状況やパソコン操作の不慣れから思うようなケアラーの人生図を描くことはできなかった。しかし、ヤングケアラーが語っている本を読み、ヤングケアラーに寄り添って語り合っていくうちに、ヤングケアラーそれぞれが抱える課題が異なることに気づき、自分一人で解決できない問題にどうしていくべきか悩み、声を上げることとそれを受け止める公的支援の必要性を学んでいった。ヤングケアラーのための企画では、サポート役と感じていた大学生たちが高校生と対等な関係性の中で積極的に企画に参画し協働で練り実践した。こうしたフラットな関係性は、生きていくうえでの対話の重要性と楽しさを実感できたという前項の石原さんの語りからも、その重要性が確認された。

　一方で、自分達の企画ではヤングケアラーの生活を改善しつつ自己実現を達成させることが困難であることに苦悩していた。解決の難しさを自分ごととして捉えていた。つまり、ケアの両義性を理解していたということでもある。このほか、ケアしていた人が亡くなった後も、元ヤングケアラーがケアに関わる仕事に従事したり、ケアラー支援の活動していることを知り、人の死でケアが終わるわけではないといった哲学的な対話もあった。上から目線ではなくヤングケアラーに寄り添っていたからこその賜物であり、死から生を考えケアの倫理を学んでいたことが窺えた。

　彼らの記述からも共生にはケアが欠かせないこと、ヤングケアラーの問題を他人ごとにせず、また支援という上から目線ではなく自分たちもケアしケアされている人間であるというフラットな関係性の中で考察していることがわかった。言い換えれば、生徒が多様な人との対話を重ね、時に対

立や葛藤を抱え熟考することは、ケアの倫理を育みつつ自分自身が生きていくことを考えていくことにつながるといえる。

　さらに別の高校での授業実践では、公的・社会的支援の必要性を発表しながら、「自分に、もしケアを必要とする人がいた場合にはどうするか」の問いに対して、「家族に頼む」という生徒が多かった。その理由をよくよく聞けば、公的・社会的支援に頼むべきだとわかっていながらも「公的支援を頼みにいく勇気がない」と語り、必ずしも家族規範を強制されているわけではないことも確認された。

　ヤングケアラーの語りや生徒の意見を通して、自分の言いたいことが言え、頼むことができるセルフアドボカシーの育成が重要であり、それを受け止める環境も必要であることを痛感した。「助けて」と言えるセルフアドボカシーの育成と、助けを求めていることに対して共鳴・共振・共感的に応答するピアアドボカシーの育成が今後の課題である。

　今回はヤングケアラーを題材にしたが、他の題材でも援用可能であり、生きていくうえでの示唆を得るものであった。また、授業カリキュラムはもっと時間数を減らし、生徒の興味・関心に合わせた対応もできるだろう。とにかく、多様な人の意見を聞き合い刺激を受け、調べて熟考し、対話し合うことは、生涯を通じて人間としての成長をもたらし、ひいてはよりよい社会の創造にもつながるものであると、生徒のレポートから考えさせられた次第である。

（齋藤美重子）

第 6 章

一人暮らしの時短簡単レシピ

　本章では大学生が考案して実際に日常生活で活用している一人暮らしの
時短簡単レシピを紹介する。

　現代の食生活はコンビニやファストフード店などで手軽に食べ物を手に
することができ、中食（なかしょく）や外食が一般化し効率性が重視される。しかしたま
には、食べ物の生産元を知り、体と頭と五感を使い作る楽しさを味わい、
おいしいなと感じながら食べることを楽しむ時があってもよいのではない
だろうか。簡便性や効率性、加えて安心感、安全性、南北問題の解決に向
けた行動や自然環境にも配慮した持続可能性など、さまざまな点からバラ
ンスよく食事をしたいものである。

　非効率と思われるところに実は豊かさがあったりするのではないだろうか。

（齋藤美重子）

（イラスト　村本ひろみ）

サバ味噌煮缶とキャベツの簡単和え丼

■材料（2人分）
・さば味噌煮缶　1缶
・カット千切りキャベツ　1袋
・白米　適量
・大葉　4枚（小ねぎでも可）
・いりごま　適量
・胡椒　　　適量

■作り方
1. 大葉を切る（手でちぎってもよい）。
2. ボウルにカット千切りキャベツとさば味噌煮缶を入れて混ぜる（缶詰の汁は半分ほど入れる）。
3. 胡椒を加えて味を調節する。
4. 茶碗にご飯と 3. を盛り付けて、大葉といりごまをちらす。

■豆知識 and 工夫ポイント
・サバは血液の循環を促す DHA や EPA が多く含まれており、動脈硬化の防止や高血圧などの生活習慣病から守る働きがあります。また、他の魚に比べて鉄分が多く含まれており、貧血予防にも適しています。他にもカルシウムの吸収を助けるビタミン D、糖質の代謝に関わるビタミン B_1、アミノ酸や脂質の代謝に関わり、貧血や神経障害の防止に必要なビタミン B_{12} も豊富に含んでいます。多くの栄養素を含んでいるサバを使用し、簡単で栄養のある一品です。
・今回の料理はフライパンや火を使わずに、混ぜるだけで簡単に作ることができます。また、大葉を切らずにちぎったり、ボウルをビニール袋に変えることで、洗い物なしで作ることもできます。
・今回は大葉を使用しましたが、小ねぎやミョウガなど自分のお好みの材料で作ってみてください。

（渡邉恵理香）

栄養満点‼ ふりかけ丼

■材料（4人分）	
・白米	適量
・豚ひき肉	300g
・人参	1/3本
・小松菜	4株
・ねぎ	1本
・しいたけ	3個
・ガーリックスライス	適量
A　鶏がらスープのもと	小さじ1
塩こしょう	適量
酒	大さじ1
しょうゆ	大さじ1
みりん	大さじ1

■作り方

1. 人参、小松菜、ねぎ、しいたけをみじん切りにする。小松菜は茎と葉に
　 わけておく。
2. ガーリックスライスを細かくしておく。
3. フライパンに豚ひき肉を入れ、中火で炒める。
4. 豚ひき肉に火が通ってきたら、ガーリックスライスと小松菜の茎、人
　 参、しいたけを加え馴染ませながら中火で炒める。
5. 小松菜の葉とねぎ、調味料Aを加え、炒め合わせる。
6. 全体に味が馴染み、水気がなくなるまで炒めたら火から下ろし完成。

■豆知識 and 工夫ポイント

・小松菜にはカルシウムが豊富に含まれていて、しいたけに含まれるビタ
　 ミンDと一緒に摂取することでカルシウムの吸収率をアップさせることが
　 できます。
・人参などの緑黄色野菜に含まれるβ-カロテンは体内でビタミンAに変
　 わります。ビタミンAは免疫力をアップさせ、風邪やがん予防につなが
　 り、さらに油脂と一緒に摂ることで吸収力が高まります。
・今回の調理は食材をみじん切りにして炒めていくというもので、複雑な
　 下準備がないことで簡単に作ることができ、さらに栄養満点で体にも嬉
　 しい料理です。

（杉崎璃子）

はちみつにんにくの鶏肉丼

■材料（4人分）
・鶏肉（もも肉）　1パック（1塊）
・白米　適量
A　ニンニクチューブ　　2cm
　　　塩　　　　　適量
　　　胡椒　　　　適量
　　　片栗粉　　　大さじ5

B　はちみつ　　　大さじ1
　　しょうゆ　　　大さじ1
　　ソース　　　　小さじ2

■作り方
1. 鶏肉を一口大に切り、調理用ビニール袋に入れる。
2. 調味料Aを袋に入れ混ぜる。
3. 均一に混ぜ終わったら片栗粉を入れ混ぜる。
4. 油で揚げる。
5. 調味料Bをフライパンの上で混ぜる。
6. フライパンに揚げた鶏肉を入れからめる。

■豆知識 and 工夫ポイント
・鶏肉は良質なたんぱく質が多く、必須アミノ酸のバランスが良い上、低カロリーでビタミンA群・B群を豊富に含んでおり、消化吸収率にも優れています。
・鶏は牛の飼育よりも温室効果ガスの排出量が少なく、ウォーター・フットプリントも低く、環境にも良い食材です。鶏肉や国産米を利用することで、ちょっと環境にも配慮した生活をしてみませんか。
・今回の調理のように、ビニール袋を使ったり、次に使う調理器具で調味料を混ぜることで洗い物を減らすことができます。

（蜂須愛美）

海鮮アボカド丼

■材料（１人分）
・白米…適量　※酢飯にしてもよい
・好きなお刺身（本レシピはまぐろ・サー
　モン・はまち）…120g
・アボカド…150g　（１個）
・ミニトマト…40g　（４個）

A・しょうゆ　大さじ１
　・みりん　　大さじ１
　・ごま油　　大さじ１

■作り方
1. お刺身とアボカドは一口大に、ミニトマトは半分にそれぞれ切り、ボウルに入
　れる。
2. Aの調味料を加え、具材に染み込ませるように混ぜる。
3. お椀に白米を入れ、その上に具材をのせる。

■豆知識 and 工夫ポイント
・すべての具材が同じ大きさだとさらに見栄えが良くなります。そのため、切る
　際には大きさを揃え、調味料を加えて混ぜる際には、具材の形が崩れないよう
　に気をつけて作ってみてください。
・アボカドにはビタミン、ミネラル、カリウム、葉酸、食物繊維など栄養素が豊
　富に含まれており、腸の代謝に良い影響を与える食材となっています。また、
　トマトも栄養素が豊富で、さらに低カロリーであるほかコレステロールを下げ
　る効果のあるリコピンが含まれています。
・お刺身はお好みと記載しましたが、サーモンは安定的な生産を可能にする陸上
　養殖を行っているため、サーモンを使用することで環境への負荷を減らし、栄
　養面だけでなく環境にも配慮したレシピとなります。

（山寺菜緒）

お野菜たっぷりチリビーンズ風リゾット

■材料（１人分）
・ご飯　　　　　　　　　軽く１杯分
（炊き立てでも残りご飯でも◎）

・冷凍ダイスカット野菜　40g
・冷凍みじん切り玉ねぎ　50g
・ミックスビーンズパウチ　50 〜 55g
・トマトジュース　　　　100 cc

◎コンソメ　　　　　　　小さじ１
◎ウスターソース　　　　小さじ１
◎カレー粉　　　　　　　小さじ 1/2
◎塩こしょう　　　　　　適量

■作り方
1. トマトジュース、ミックスビーンズパウチ、◎のものを鍋にすべて入れ５分ほど中火で煮込む。
2. ５分経ったらダイスカット野菜とみじん切り玉ねぎを冷凍のまま入れ中火で３分煮込む。
3. ご飯を鍋に入れ軽くかき混ぜながら塩こしょうで味を調え中火で２分煮て完成。
（残りご飯で作る場合は温めてから鍋に入れてください。）

■豆知識 and 工夫ポイント
・切るものがなくお鍋１つでできるので洗い物が少なく簡単に作ることができます。
・ミックスビーンズは数種類の豆をミックスしたもので、植物性たんぱく質、ビタミン、ミネラルや食物繊維が豊富に含まれており、主な材料のトマトジュースには抗酸化作用の強いリコピンや β− カロテンなどが豊富に含まれています。
・定期的に野菜価格が高騰していますが、冷凍野菜は生鮮野菜よりも安く買うことができ、長期保存が可能で必要な量だけ使うことができるという点でも無駄が出ないのでおすすめです。

（今井桜子）

塩だれ豚ロース丼

材料（1人分）	
・ごはん	150g
・豚ロース薄切り肉	120g
・玉ねぎ	1/4 個
・サラダ油	小さじ 1
【トッピング】	
・レタス	お好きなだけ
・小ねぎ	お好きなだけ
【塩だれ】	
・酒	大さじ 1/2
・塩	小さじ 1/4
・ごま油	小さじ 1
・おろしにんにく	小さじ 1/2

■作り方

1. 玉ねぎを薄切りにする。
2. 豚肉は食べやすい大きさに切る。
3. フライパンにサラダ油を入れて中火にし、豚肉を入れて色が変わるまで炒める。
4. 玉ねぎを入れてしんなりするまで炒める。
5. 塩だれを加えてさらに炒める。
6. 器にご飯を入れ、手でちぎったレタスをしき、5をのせ、刻んだ小ネギを添える。

■豆知識 and 工夫ポイント

・豚ロースにした理由は、豚ばら肉だと脂質が多く、カロリーも高くなってしまうため、豚ロースにすることでたんぱく質も豊富でカロリーも低くすることができるからです。豚ばら肉にしてもおいしく作れると思います。

・豚肉と玉ねぎは相性が良いです。豚肉に含まれているビタミン B₁ は疲労回復に良いとされています。玉ねぎに含まれている硫化アリルはビタミン B₁ の吸収を上げてくれます。

・塩だれは他のものにも応用できると思うので、何か炒めるための調味料として使ってみてはいかがでしょうか。

・今回は最後の盛り付けにレタスと小ねぎを使いました。色鮮やかになり、野菜も一緒に取れます。家にある他の野菜で取り入れてみるのもよいと思います。

（田原愛美）

サラダ用のカット野菜でコンソメスープ

■材料（1人分）
・水　　　　150mL
・粉末コンソメ　2g
・品目の多いカット野菜　袋の1/4から
　　　　　　　　　　　　　　1/2
・塩　　　　少々
・こしょう　少々

■作り方
1. 耐熱性のある深めのお皿またはカップを用意する。
2. 1. に水、粉末コンソメ、カット野菜を入れ、軽くラップをする。
3. 2. を電子レンジに入れ、1分30秒から2分加熱する。
4. 塩、こしょうを加えたら、完成。

■豆知識 and 工夫ポイント
・品目の多いカット野菜を使うことで、野菜を簡単に摂取することができます。
・カット野菜1袋をサラダのみで使いきることが難しい場合、スープに入れることで食品ロスの削減となります。
・余ったカット野菜は、袋のまま冷凍庫へ入れ保存し、使うときは簡単に手で割ることができるため、保存した後の解凍が簡単にできます。
・材料はあくまで目安のため、お好みで野菜の量や調味料の量、加熱時間の調整をしてください。

（飯野朱音）

エリンギのしょうゆ＆ペッパー炒め

■材料（１人分）
・エリンギ　　　　　100g
・ピーマン　　　　　60g
・にんじん　　　　　30g
・ソーセージ　　　　４本

・市販しょうゆオイルソース　大さじ４

■作り方
1. ピーマンは種をとり、にんじんは皮をむく。
2. ピーマン、エリンギ、にんじん、ソーセージを細切りにする。
3. 油を引いたフライパンに、にんじん、ピーマン、エリンギ、ソーセージの順に入れて炒める。
4. しんなりしてきたら市販のしょうゆオイルソースを入れて再度炒める。
5. 全体に味が絡まったら盛り付けて完成。

■豆知識 and 工夫ポイント
・味付けが１つのもので済みます。
・細切りにすることで苦手な野菜でも食べやすくなります。
・エリンギは食物繊維や葉酸が豊富に含まれているため、便秘解消や貧血、高血圧予防に効果的！　腸内環境が整うため、免疫力アップにつながります。
・エリンギは季節に関係なく、１年中購入がしやすいです。購入の際にはかさの色が濃すぎない薄い茶色を選ぶようにしましょう。

（小泉菜々子）

（イラスト　五十嵐えり）

やみつききゅうり

■材料（1人分）
・きゅうり　　　　　1本

A
・醤油　　　　　　　大さじ1
・砂糖　　　　　　　大さじ1/2
・酢　　　　　　　　大さじ1
・ごま　　　　　　　お好み
・ラー油　　　　　　お好み

■作り方
1. きゅうりを縦半分に切り、ピーラーで薄くスライスする。
2. きゅうりを食べるお皿に盛り付ける。
3. 調味液Aをきゅうりにかけて完成（冷蔵庫で5～10分程度冷やすとよりおいしい）。

■豆知識 and 工夫ポイント
・さっぱりしたい、漬物っぽいものが食べたいあなたへおすすめです。
・きゅうりには体内の水分調整をし、むくみの解消や高血圧の予防・改善をする
　効果があります。
・きゅうりにはビタミンCを壊すアスコルビナーゼという酵素が含まれています
　が、お酢を合わせて食べることで働きを弱め、ビタミンCが摂取しやすくなり
　ます。
・ピーラーを使うことでいつもと違った食感になり、味も染み込みやすく、普通
　の漬物より時間がかかりません。ジップロックなどで混ぜ合わせれば保存も楽
　ちん！
・さっぱりとした料理から油を多く使った料理まで相性ぴったりなので、ちょっ
　とした副菜におすすめです！
・鰹節を加えるとうま味、深みが出ます。

（佐藤旭）

レンチンで作る時短簡単エノキのカニカママヨ和え

■材料（4人分）
- えのき　　　　　　　　　　１袋
- カニカマ　　　　　　　　　60g（4〜5本）
- ネギ　　　　　　　　　　　5cmぐらい
- マヨネーズ　　　　　　　　大さじ2〜3
- めんつゆ（2倍濃縮）　　　大さじ1
- ごま油　　　　　　　　　　小さじ1

■作り方
1. えのきの石づきを切り落とし、3等分に切り分ける。
2. 1. を耐熱ボウルに入れ、上からふんわりとラップをかけ、600Wで2分加熱する。
3. ネギを輪切りに切り、えのきと一緒にボウルに入れる。
4. カニカマをほぐしてボウルに入れる。
5. マヨネーズ、めんつゆ、ごま油をそれぞれ量り取り、ボウルに入れ混ぜ合わせる。
6. お皿に盛りつけて完成。

■豆知識 and 工夫ポイント
- えのきたけにはビタミンB群が豊富に含まれており、抗がん作用が期待できるβカロテンの一種レンチナンが多く含まれています。さらに、100g当たりのエネルギーは22kcalと低カロリーで、食物繊維も多くダイエットにも効果的です。
- カニカマの簡単なほぐし方として、菜箸を使えば簡単にほぐすことができます。カニカマを縦に2〜3本並べ、上から菜箸に少し力を入れてコロコロ回すだけで簡単に何本も同時にほぐすことができます。

（蜂須愛美）

執筆者紹介

齋藤美重子　【はじめに、第1章、第2章、第4章、第5章、第6章】

佐藤真弓　【第3章、第4章】
川村学園女子大学生活創造学部生活文化学科教授
川村学園女子大学付属ユニバーサル・ケア研究所副所長
家庭生活アドバイザー
主要著書等：『家族と生活 ― これからの時代を生きる人へ』（共著、創成社、2013）、『生
　活と家族 ― 家政学からの学び』（単著、一藝社、2016）、『自然と社会と心の人間学』（共
　著、一藝社、2020）

叶内茜　【第4章】
川村学園女子大学生活創造学部生活文化学科准教授
川村学園女子大学付属ユニバーサル・ケア研究所事務局
家庭生活アドバイザー
主要著書等：『家庭科教育（教科教育学シリーズ第7巻）』（共著、一藝社、2015）、『技
　術・家庭学習指導書［家庭分野］内容編A家族・家庭生活』（共著、開隆堂、2021）、
　『世代間交流の理論と実践シリーズ3 新たな社会創造に向かうソーシャルネットワーク
　としての世代間交流活動』（共著、三学出版、2022）

麻布中学校・麻布高等学校生徒（2023年3月現在／五十音順）【第5章】
浅賀崇之紀
石原稜雅
井上拓海
加藤稜大

川村学園女子大学学生（2023年3月現在／五十音順）【第4章、第5章、第6章】
飯田雅子
飯野朱音
岩松愛梨

五十嵐えり（叶内先生、佐藤先生、齋藤先生の似顔絵、裏表紙イラスト）

今井桜子

遠藤千陽

岡野和香菜

垣田知秀

加藤実花

上西里佳

川村菜奈子

小泉菜々子

佐藤旭

柴田寧々

杉崎璃子

鈴木志歩

田原愛美

蜂須愛美

山寺菜緒

渡邉恵理香

芳賀優子　【コラム】

公益財団法人共用品推進機構個人賛助会員

日本障害者協議会協議委員

主要著書等：『ゆうこさんのルーペ』（芳賀優子（原案）・多屋光孫（イラスト）、 合同出版、2020）、『目の不自由な人をよく知る本』（編集協力）、合同出版、2021）、『ユニバーサルデザインの基礎と実践』（共著、鹿島出版会 、2020）

野川未央　【コラム】

特定非営利活動法人 APLA 事務局長

主要著書等：『甘いバナナの苦い現実』（共著、コモンズ、2020 年）、『非戦・対話・NGO：国境を越え、世代を受け継ぐ私たちの歩み』（共著、新評論、2017）、『イチからつくるチョコレート』（編著、農文協、2018）

佐瀬孝至　【第4章】
株式会社日本経営総合研究所
金融コンサルタント
ファイナンシャルプランナー

村本ひろみ　【イラスト】(表紙・総論・家庭科編・第4章・第6章)
麻布中学校・麻布高等学校社会科教諭

※本書は令和2年度〜令和5年度科学研究費助成事業　基盤研究（C）20K02773 の
　助成を受けて行っている。

■編著者紹介

齋藤　美重子　（さいとう　みえこ）（茶名：齋藤宗重）
　　　　川村学園女子大学生活創造学部生活文化学科教授
　　　　川村学園女子大学付属ユニバーサル・ケア研究所所長
　　　　家庭生活アドバイザー、ヤングケアラー支援研修インストラクター

　　　主要著書等
　　　『生きる力をつける学習』（共著、教育実務センター、2013）
　　　『自然と社会と心の人間学』（共著、一藝社、2020）
　　　『家庭基礎』『家庭総合』（共著、開隆堂、2022）
　　　『LOOK UP!!　資料集＋食品成分表』（共著、開隆堂、2022）等

アドボカシーが活きるユニバーサル・ケア
―学び直しの家庭科―

2024 年 4 月 10 日　初版第 1 刷発行

■編 著 者 ── 齋藤美重子
■発 行 者 ── 佐藤　守
■発 行 所 ── 株式会社 大学教育出版
　　　　　　　〒 700-0953 岡山市南区西市 855-4
　　　　　　　電話（086）244-1268　FAX（086）246-0294
■印刷製本 ── モリモト印刷 ㈱

ISBN978－4－86692－286－7